Anne Dirnstorfer

Forumtheater
in den Straßen Nepals

Emanzipation jenseits des Entwicklungsdiskurses?

D1641043

BERLINER SCHRIFTEN ZUM THEATER DER UNTERDRÜCKTEN

Herausgegeben von Harald Hahn

Anne Dirnstorfer

FORUMTHEATER
IN DEN STRASSEN NEPALS

Emanzipation jenseits des Entwicklungsdiskurses?

ibidem-Verlag
Stuttgart

Bibliografische Information Der Deutschen Bibliothek

Die Deutsche Bibliothek verzeichnet diese Publikation in der Deutschen Nationalbibliografie; detaillierte bibliografische Daten sind im Internet über <http://dnb.ddb.de> abrufbar.

∞

Gedruckt auf alterungsbeständigem, säurefreien Papier
Printed on acid-free paper

ISSN: 1863-2106

ISBN-10: 3-89821-665-9

ISBN-13: 978-3-89821-665-4

© *ibidem*-Verlag
Stuttgart 2006
Alle Rechte vorbehalten

Habermas in Nepal

Die mediale Rezeption Nepals ist zumeist gekennzeichnet von Bildern von Straßenschlachten in Kathmandu, Berichten über ein korruptes diktatorisches Königshaus oder Beschreibungen einer maoistischen bewaffneten Guerilla. Oder aber es werden Geschichten von Abenteurern und Touristen, die den Himalaja besteigen, erzählt.

Einen gänzlich anderen Blick auf die gesellschaftlichen Verhältnisse in Nepal gibt uns Anne Dirnstorfer. Sie beschreibt die Bearbeitung von sozialen Konflikten mit den Mitteln des Forumtheaters aus dem Bereich des *Theaters der Unterdrückten*.

Das Buch gibt dabei einen interessanten und tiefgehenden Einblick in die Konfliktkultur Nepals und richtet hierbei den Fokus auf die sozialen Gegebenheiten der nepalesischen Gesellschaft. Anne Dirnstorfer besuchte bei ihren Recherchen für das Buch zwei Theatergruppen: in der Hauptstadt Kathmandu die Theatergruppe "Aarohan", und in der Kleinstadt Dharan die Gruppe "Srishti". Sie war als teilnehmende Beobachterin bei den Aufführungen und der praktischen Theaterarbeit vor Ort dabei und bringt uns das Forumtheater in Nepal anhand von Fallbeispielen und ihrer Analyse und kritischen Interpretation näher.

Anne Dirnstorfer setzt sich mit dem im Westen dominierendem Begriff und der gängigen Vorstellung von Entwicklung auseinander und untersucht die damit einhergehenden psychologischen Folgen von Entwicklungspolitik in Nepal (Colonialisation of Minds). Eine weitere Besonderheit ihrer soziologischen Studie ist der theoretische Zugang, der unter Bezugnahme auf die *Theorie des Kommunikativen Handelns* des Soziologen Jürgen Habermas erfolgt. Eine zentrale Frage des Buches ist, inwieweit es den Theatergruppen gelingt, durch das Forumtheater einen 'herrschaftsfreien Raum' für die Bearbeitung von sozialen Konflikten zu schaffen. Auch die Ausübung von Macht und Herrschaft durch die Jokerrolle im Forumtheater wird eingehend beschrieben, und es wird aufgezeigt, dass der einst von Habermas postulierte Anspruch einer diskursiven

Willensbildung auf kommunikativer Grundlage ohne Ansehen des sozialen Status zwar angestrebt wird, aber in der Praxis, ähnlich wie auch beim Forumtheater in Deutschland, nur ansatzweise eingelöst werden kann, weil die sozialen Gegebenheiten zu dominant sind. Dennoch zeigt die Autorin auf, wie - trotz dieses Widerspruchs - der diskursive Raum, den das Forumtheater öffnet, eine enorme Relevanz in Nepal hat. Mit dem Bezug auf Habermas und seinen Idealtypus des 'herrschaftsfreien Diskurses' gelingt Anne Dirnstorfer ein soziologischer Zugang, der auch im neoliberalen Zeitalter Gesellschaft mit einer emanzipatorischen Zielrichtung verändern möchte.

Danke für dieses Buch!

Berlin, im April 2006

Harald Hahn

Vielen Dank an die beiden Theatergruppen Aarohan und Sristhi, die mich sehr herzlich bei sich aufnahmen, mich inspirierten und mir wichtige Denkanstöße für mein Leben gaben.

* * *

Für die Unterstützung dieses Buchprojektes möchte ich mich außerdem herzlich bedanken bei: Jean-Yves Gerlitz, Kirstine Due, Nabin Karki, Subash und Sampad Jamarkattel, Sabine Albrecht, Harald Hahn und besonders bei meinen geliebten Urban-Frauen !!!

INHALTSVERZEICHNIS

1. Einleitung

Historisch gesehen zeichnet sich Nepal durch seine lang anhaltende relative Abge-
schiedenheit von der Welt aus. Trotz einiger traditioneller Handelsrouten, die die
Gebirgspässe durch den Himalaya nach Tibet überqueren und trotz der Beziehungen
zu dem langjährig unter britischer Kolonialherrschaft stehenden Indien, lässt sich
sagen, dass sich das hinduistische Königreich nicht zuletzt durch seine geographische
Lage und seine geringe Infrastruktur bis Mitte des 20. Jahrhunderts mit wenigen Einflüssen von außen konfrontiert sah.

In den letzten fünf Dekaden hat sich dieses Bild jedoch grundlegend gewandelt; der
Tourismus ist heute zu einer der wichtigsten Einnahmequellen des Landes geworden,
zudem migrieren viele Nepalesen/innen[1], um in Indien, arabischen oder, in seltenen
Fällen, in westlichen Staaten zu arbeiten. Damit tragen sie bedeutend zu einer Veränderung der kulturellen Selbstwahrnehmung bei. Auch der Einfluss von entwicklungspolitischen Organisationen, die meist unter dem Leitbild von Entwicklung als Mo-
dernisierungsprozess stehen, ist beachtlich. Nanda Shrestha beschreibt in einer
Reflexion über die Auswirkungen von westlichen Entwicklungsprojekten und -
diskursen auf sein eigenes Leben, wie es in der nepalesischen Gesellschaft zu einer
`Kolonialisierung des Geistes´ gekommen ist. Er macht damit deutlich, wie die Ein-
führung der Kategorie *bikaas* (Nepali: Entwicklung) als ein linear anzustrebendes
Ziel nach westlichem Vorbild die Menschen diskursiv abwertete und ihnen Minderwertigkeitskomplexe vermittelte, die sich tief in die Kultur eingeschrieben haben
(SHRESTHA 1999).

Die zunehmend rasante politische, soziale und ökonomische Öffnung Nepals seit
Mitte des 20. Jahrhunderts hat zur Folge, dass sich im Land heute ein kultureller
Wandel vollzieht, der sich im weiteren Sinne in dem Spannungsfeld zwischen
Tradition und Moderne bewegt. Kulturelle Tradition soll hierbei jedoch nicht als sta-
tisches Konzept verstanden werden, sondern als die „Gesamtheit der Kulturelemente
einer sozialen Gruppe", die von Generation zu Generation überliefert werden und
selbst „dauernden Wandlungsvorgängen" unterliegen (FUCHS-HEINRITZ (Hg.):
Lexikon zur Soziologie, 1995, S.684).

---

[1] Überwiegend sind die MigrantInnen jedoch männlich. Frauen bleiben trotz schlechter Lebensbedingungen meist in Nepal, bei ihren Feldern und bei der Familie; 2001 gab es sogar öffentliche
Debatten darum, ob es Nepalesinnen von staatlicher Seite *erlaubt* werden sollte, in die arabische
Welt zu migrieren. Das in diesem Zusammenhang vorgebrachte Argument der dortigen Diskriminierung gegenüber Frauen wirkte angesichts der schlechten Situation von Frauen in Nepal
eher zynisch und verschleiert wohl die wahren Gründe.

Madhu Raman Acharya beschreibt diesen sozialen und kulturellen Wandel in einer Studie zur nepalesischen Gegenwartskultur als *Kulturschock von innen heraus*, dem das Land durch die Exponiertheit für äußere Einflüsse mit dem graduellen Verlust der eigenen Identität ausgesetzt ist (ACHARYA 2002). Insbesondere in den urbanen und semi-urbanen Zentren des Landes kommt es zunehmend zu einer Infragestellung traditionell gültiger Werte und Normen. Der daraus resultierende Bedarf an Neuverhandlungen dieser Werte und Normen drückt sich in sozialen Spannungen und Konflikten auf allen Ebenen der Gesellschaft aus. Diese sind von großem sozialwissenschaftlichen Interesse und werden in der vorliegenden Studie eingehend betrachtet.

Im Zentrum der Studie steht die Bearbeitung von sozialen Konflikten, die von kulturellen und religiösen Prägungen der extrem heterogenen nepalesischen Gesellschaft gekennzeichnet sind. Besondere Beachtung findet der von dem Anthropologen Dor Bahadur Bista (1991) behandelte ausgeprägte hinduistische Fatalismus. Dieser besteht in dem weit verbreiteten Glauben, dass niemand über die persönliche Kontrolle für seine Lebensumstände verfüge, da diese von göttlichen Kräften vorherbestimmt seien (siehe S-38-39). Der Glaube an religiöse Determination und an das persönliche Karma, welches nicht durch das selbstbestimmte Handeln überwunden werden kann, unterliegt zwar ebenfalls den von Acharya beschriebenen kulturellen Wandel (ACHARYA 2002, S.203f), ist jedoch immer noch verbreitet und beeinflusst die Einstellung zur eigenen Rolle innerhalb von Veränderungsprozessen. Acharya weist darauf hin, dass Fatalismus mit Armut zusammenhängt und sich bei den Eliten und den so genannten *noveaux riches* des Landes zunehmend auflöst, bzw. von erfolgsorientierten Grundhaltungen ersetzt wird (ACHARYA 2002, S.293).
Vor dem Hintergrund des kulturellen Wandels und der kulturellen Besonderheit fatalistischer Einflüsse legt diese Studie einen Fokus auf die Bearbeitung sozialer Konflikte auf der Ebene der Familie und in den Gemeinden. Als Zugang zu diesem Themenfeld wurde das Medium des Theaters als Interaktionsrahmen für die Konfliktbearbeitung ausgewählt. Bei der Umsetzung von Konflikten im Theater werden diese heruntergebrochen auf Charaktere und Handlungsabläufe, die für die Zuspitzung des Geschehens für wichtig erachtet werden und die sich innerhalb des spezifischen kulturellen Kontextes entfalten. Aus theatersoziologischer Sicht wird Theater verstanden als ein Spiegel der Gesellschaft, in dem soziale Rollen, Positionen und Verhaltensweisen dargestellt und kulturelle Normen und Werte verhandelt werden. Die Art und Weise wie soziale Konflikte szenisch präsentiert und in einer Gemeinschaft (z.B. die

BewohnerInnen einer Slum-Siedlung, die ArbeiterInnen einer Fabrik etc.) aufgenommen und bearbeitet werden, ist aus soziologischer Perspektive interessant, da sie tiefen Einblick in die Konfliktkultur des betreffenden sozialen Kontextes ermöglicht (siehe S.15-20).

Ausgangspunkt dieser Studie sind teilnehmende Beobachtungen von Auftritten zweier Theatergruppen in der Hauptstadt Kathmandu und in der Kleinstadt Dharan im Osten des Landes. Beide Gruppen, die ich in einem Zeitraum von drei Monaten (April bis Juli 2004) als Zuschauerin begleitet habe, setzen sich zum Ziel, gesellschaftlichen Wandel zu generieren. Hierfür wenden sie insbesondere die Methode des Forumtheaters, sowie andere Methoden des „Theaters der Unterdrückten" an, die seit Anfang der 70er Jahre von dem Brasilianer Augusto Boal als Methoden partizipativen Theaters entwickelt wurden und heute in über 90 Ländern auf allen Kontinenten der Welt angewandt werden (siehe S.20-26).

In Bezugnahme auf traditionelle dörfliche Formen der Konfliktbearbeitung übertrug die Gruppe *Aarohan* die Forummethode auf den nepalesischen Kontext und gab ihr die nepalesische Bezeichnung „*kachahari natak*" (*kachahari* Theater).[2]

Die Theaterschaffenden grenzen sich in ihrem Grundverständnis explizit von entwicklungspolitisch orientierten Straßentheaterauftritten ab, deren paternalistische Ausrichtung sie nicht fortführen wollen. Vielmehr haben sie den Anspruch über die partizipative Ausrichtung des Forumtheaters, den Stimmen der „Unterdrückten" Gehör zu verschaffen und einen kommunikativen Raum für die Transformation von sozialen Konflikten anzubieten, ohne diesen selbst zu dominieren (siehe S.31-34).

Konflikte und Unterdrückungsverhältnisse aus dem jeweiligen Alltagserleben werden dabei über das Medium Theater öffentlich zur Diskussion gestellt und somit eröffnet sich die Möglichkeit, Handlungsoptionen gemeinsam mit dem Publikum zu erproben und zu diskutieren. Forumtheater kann folglich als eine theatralisch inszenierte Frage an das Publikum verstanden werden.

---

[2] *Kachahari* ist die nepalesische Bezeichnung für ein dörfliches, selbstorganisiertes Streitschlichtungsverfahren, das sich seit der Vereinigung des Staates Nepal im 18. Jhd. herausbildete und auf traditionellen Formen lokaler Rechtssprechung basiert, die bis in das fünfte und sechste Jahrhundert zurückreichen. In marginalisierten Gegenden Nepals werden diese lokalen Gerichtsversammlungen auch heute noch praktiziert, während sie in urbanen Gegenden weitgehend in Vergessenheit geraten sind.
(Eine detaillierte Studie zu den jeweiligen Streitschlichtungsverfahren hat die NGO CIVICT durchgeführt, siehe: www.CIVICT_New_Layout.pmd)

Unter Bezugnahme auf die Habermas'sche `Theorie des Kommunikativen Handelns´ ist die zentrale Frage dieser Forschungsarbeit, inwieweit es den beiden Theatergruppen gelingt, durch das Forumtheater einen „herrschaftsfreien Raum" für die Bearbeitung von sozialen Konflikten zu kreieren (siehe S.26-30). Hierbei geht es mir darum zu erfassen, inwiefern sich der Anspruch, die Statusbarrieren zu überbrücken[3] und eine Praxis für sozialen Wandel zu entwickeln, die nicht in der Logik des nationalen und internationalen Entwicklungsdiskurses gefangen ist und die als unterdrückt angesehenen Zielgruppen nicht zu passiven Objekten macht, in der Theaterarbeit verwirklichen lässt. Anhand von vier exemplarisch gewählten Auftritten wird der Ablauf der Szenen und die Partizipation des Publikums dargestellt und die Analyse anhand dieser Fallbeispiele, sowie unter punktueller Einbeziehung des restlichen Datenmaterials dargelegt. Dabei geht es mir darum zu erfassen, wie die Konflikte durch ihre theatralische Inszenierung in der Öffentlichkeit rezitiert und von und mit dem Publikum bearbeitet werden, und wie die gesellschaftlichen Machtverhältnisse darin eingebettet und wiedergespiegelt werden. Interessante Fragen sind hierbei z.B., wie die jeweiligen Rollen angelegt werden, wer sich aus dem Publikum in welcher Form einbringt, welche Veränderungsmöglichkeiten als realistisch angesehen werden und wie die SchauspielerInnen den gesamten Prozess bewusst oder unbewusst beeinflussen.

Im Abschnitt zwei wird auf verschiedene soziologische Theorieansätze eingegangen, die sich mit dem Verhältnis zwischen Theater und Gesellschaft beschäftigen. Hierbei wird die Frage nach der Relevanz, die theatralische Darstellungen als Gegenstand der Analyse für die soziologische Forschung haben können, herausgearbeitet. Im Anschluss werden die theoretischen Grundlagen des von Augusto Boal entwickelten „Theater der Unterdrückten" dargestellt und das Forumtheater als Medium der Konfliktbearbeitung wird vorgestellt. Hierbei wird das ihm zugrundeliegende Selbstverständnis in Bezugnahme auf konfliktsoziologische Ansätze diskutiert. Außerdem werden die zentralen Argumentationslinien der `Theorie des kommunikativen Handelns´ von Jürgen Habermas dargelegt und auf das Forumtheater als kommunikativen Raum angewandt, wodurch die Forschungsfrage theoretisch eingebettet wird.

---

[3] In den meisten Fällen gehören die Schauspielenden einer relativ gebildeten Mittelschicht und einer höheren Kaste an, wogegen das Publikum oftmals einen niedrigen Schicht- und Kastenstatus hat.

Im dritten Teil werden die zentralen sozioökonomischen und politischen Hintergründe Nepals beschrieben und dabei vertiefend jene soziokulturelle Spannungsfelder behandelt, die für das Verständnis dieser Studie von Bedeutung sein werden. Hierbei finden die Themen der Kasten, das Geschlechterverhältnis, sowie die Stellung der Religion und fatalistischer Grundeinstellungen in Alltagsdiskursen besondere Beachtung. Ferner werden die von Nanda Shrestha angestoßenen postkolonialen Debatten zu den psychologischen Folgen von Entwicklungspolitik in Nepal als Prozess der `Colonialisation of Minds´ dargestellt.

Das vierte Kapitel behandelt das methodische Vorgehen und den Verlauf des ethnographischen Forschungsaufenthalts in Nepal. Hierbei wird die Bandbreite der Datenbasis, die Datenauswahl, sowie die inhaltliche Schwerpunktsetzung der Analyse dargestellt. In diesem Zusammenhang werde ich auf meine Rolle als weiße Frau aus einem akademisch-westeuropäischen Kontext, die in Nepal forscht, eingehen, sowie auf methodische Schwierigkeiten wie kulturelle und sprachliche Barrieren, und die Bedeutung des Arbeitens mit und ohne Übersetzer für die Forschungssituation.

Das fünfte Kapitel umfasst die Präsentation und Diskussion der Auswertungsergebnisse des Datenmaterials. Hierbei werden zunächst Hintergrundinformationen zu den beiden Forschungsregionen und zu den begleiteten Kachahari-Theatergruppen gegeben. Im Anschluss wird allgemein auf die bearbeiteten Konfliktthemen der exemplarisch ausgewählten Fallbeispiele eingegangen. In einem weiteren Punkt werden Zusammenfassungen der Kachahari-Abläufe präsentiert, die anschließend nacheinander analysiert werden. In einem darauf folgenden Schritt werden grundlegende Spannungsfelder der Arbeit mit der Kachahari-Methode beleuchtet, die für die Bearbeitung der Fragestellung von Bedeutung sind.

In meinem abschließenden Fazit möchte ich die Forschungsfrage danach beantworten, inwieweit sich ein „herrschaftsfreier Raum" durch das Kachahari-Theater in Nepal verwirklichen lässt, und Potentiale und Grenzen der Theatermethode abschließend diskutieren.

2. Theoretischer Zugang

Um das theoretische Grundgerüst dieser Forschungsarbeit darzulegen, werden zunächst theatersoziologische Debatten zu den Wechselbeziehungen zwischen Theater und Gesellschaft aufgezeigt. In einem zweiten Punkt werden die von Augusto Boal entwickelten theoretischen Grundlagen des `Theaters der Unterdrückten´, und insbesondere des Forumtheaters, als Methode der Konfliktbearbeitung, vorgestellt. Zur wissenschaftlichen Einbettung der Forschungsfrage ist es ferner unerlässlich, die Kerngedanken des Habermas'schen Diskursverständnisses darzustellen und aufzuzeigen, wie diese anhand des empirischen Materials überprüft werden. Hierbei wird die Hypothese, das Forumtheaters sei ein potentiell *herrschaftsfreier Raum*, vorgestellt. Zum Abschluss des Kapitels wird auf das Selbstverständnis der nepalesischen Kachahari-Theaterarbeit als Medium der Konfliktbearbeitung für soziale Veränderung eingegangen.

2.1. Verhältnis von Theater und Gesellschaft

In Anlehnung an George Gurvitch, der als Begründer der Theatersoziologie gilt, lassen sich die Kachahari-Auftritte als *soziale Situationen* betrachten, die gesellschaftlich eingebettet sind, und somit die Grundlage dieser sozialwissenschaftlichen Analyse bilden:

> „Das Theater selbst ist eine soziale Situation, die Schauspieler und Publikum umfasst und in der andere soziale Situationen rekapituliert werden. Implizit in der Analyse der Situation ist in diesem Text der jeweilige Bezug des Theaters auf die Gesellschaft als Ganzes, auf deren Interaktionen, die im Theater „repräsentiert" sind" (GURVITCH nach RAPP 1993, S.58).

Im Gegensatz zu Boal sieht Gurvitch im Theater keinerlei Potential, um die gesellschaftliche Wirklichkeit zu verändern, sondern Theater führt seiner Ansicht nach vielmehr zur Akzeptanz des sozialen Zusammenhangs. Das Theater beschäftigt sich, so Gurvitch, mit der Sublimierung sozialer Situationen, denen es sich durch Idealisierung, durch Parodieren oder durch die Aufforderungen zu ihrer Überwindung nähert. Im Theater sieht sich das Publikum gespiegelt und kann folglich den „Ausbruch" aus und die „Verkörperung" von sozialen Kämpfen zugleich erleben (GURVITCH 1956 in RAPP 1993, S.153). Gurvitch betont, dass über das Medium des Theaters Aussagen über die Gesellschaft gemacht werden können. Er betrachtet das Theater als ein mögliches „soziologisches Experimentierfeld" (l´expérimentation sociologique). Folglich können bei regelmäßiger Wiederholung der theatralischen[4] Darbietung, welche vom Publikum als „authentisches Ereignis" begriffen werden soll, aus den Reaktionen der Zuschauenden soziologische Schlussfolgerungen gezogen werden (ebenda, S.156-159).

Soziologische Analysen des Theaters

Für die soziologische Auseinandersetzung mit Theater ist der Ansatz von Alphons Silbermann (1973) interessant, der Theater als eine Form der „künstlerischen Kreation" und damit als „soziales Produkt" versteht, das gesellschaftliche Werte fixiert. Er hält fest, dass sich Theater und Gesellschaft sowohl durch ihre Strukturen, ihre jeweiligen Formen von Interaktion, ihre sozialen Zeremonien und Symbole als auch durch die Rollenverteilung und Rollenvielfalt ähnlich sind. In diesem Sinne spiegelt Theater einerseits die Werte und Gewohnheiten einer Gesellschaft wider, kann jedoch auch andererseits einen gewissen Grad an Autonomie für sich beanspruchen. Silbermann beschäftigt sich intensiv mit den Beziehungen zwischen Theater als symbolischen und künstlerischen Ausdruck und der Gesellschaft; er unterscheidet in diesem Zusammenhang drei Annäherungsweisen für die Soziologie an das Theater:

Die aus dem 19. Jahrhundert stammende *Spiegelbild-Theorie* besagt, dass Kunst einem sozialen und kulturellen Determinismus unterliege und weniger der individuellen Inspiration. Theater reflektiere daher durch die Darstellung ökonomischer und familiärer Beziehungen, sowie durch die Spiegelung politischer Ereignisse und religiöser und moralischer Werturteile direkt die Realitäten einer Gesellschaft in ihrem jeweiligen Kontext.

Der zweite, eng mit der Spiegelbild-Theorie verknüpfte Ansatz, betrachtet das Theatererlebnis aus funktionalistischer Perspektive als ein *Mittel sozialer Kontrolle,* welches kulturelle Normen, Haltungen und Ideologien einer Epoche bestätigt und die fundamentalen Einrichtungen der Gesellschaft stabilisiert. Neben der Unterhaltung des Publikums dient Theater auch dazu, die antisozialen Impulse, Beängstigungen

---

[4] Urs Birchers unterscheidet zwischen den Begriffen „theatral" und „theatralisch", indem er theatralisch der Institution Theater zuordnet als ein „Sichgegenübertreten des Menschen in einer gesellschaftlich verabredeten Als-ob-Haltung". Theatral dagegen ist das „wirkliche Verhalten eines wirklichen Menschens", das jedoch ein Scheinverhalten ist, mit dem Aussagen über das Mittel der symbolischen Interaktion geschehen (BIRCHERS nach RAPP 1993, S.65).

und Frustrationen der Zuschauenden zu nehmen und die soziale Kohärenz zu fördern.[5]

Drittens kann das Theater jedoch auch als gesellschaftsgestaltendes Medium betrachtet werden, wie es die *Beeinflussungs-Theorie* postuliert. Hierbei wird argumentiert, dass insbesondere Stücke, die soziale Probleme ins Zentrum stellen und in dramatischer Form inszenieren, oftmals für erzieherische und propagandistische Zwecke verwendet werden. In diesem Kontext lässt sich Theater unter anderem auch als einflussnehmender Faktor für das Aufkommen sozialer Bewegungen betrachten (SILBERMANN 1973).

Für die vorgenommene Analyse sind alle diese drei Ansätze von Bedeutung, da die soziale Situation der Theaterauftritte einerseits als Spiegel der für die Autorin fremden Werte und Normen im nepalesischen Kontext betrachtet werden. Andererseits geht die Analyse auf Formen der Kontrolle und Bestätigung von kulturell-religiösen Ideologien durch die Theaterarbeit, als auch auf die konkrete Einflussnahme der SchauspielerInnen auf das Publikum, ein.

Theater als symbolische Interaktion

Eine wichtige Verbindung zwischen Soziologie und Theaterwissenschaft wird durch die in der Chicagoer Schule maßgeblich von George H. Mead entwickelten `Theorie des symbolischen Interaktionismus´ geprägt. Dieser Ansatz soll als Grundlage für das Verständnis von Theater als Interaktionsrahmen innerhalb der handlungstheoretischen Soziologie eingeführt werden.

Der aus der US-amerikanischen Soziologie stammende Terminus *symbolischer Interaktionismus* begreift menschliches Handeln vornehmlich als symbolische Kommunikation und den Menschen selbst als *homo symbolicus,* dessen Geist und Identität sich durch den gesellschaftlichen Prozess der Kommunikation herausbildet (BLUMER 1986, HELLE 2001, MEAD 1995). In Abgrenzung zu psychologischen Interpretationen werden Bedeutungen von Dingen als „soziale Produkte" verstanden, die im Prozess der menschlichen Interaktion entstehen:

> „it [symbolic interactionism] sees meaning as arising in the process of interaction between people. The meaning of a thing for a person grows out of

---

[5] Hier werden Analogien zur Sicht der konfliktsoziologischen Funktionalisten deutlich, die soziale Konflikte insbesondere im Hinblick auf ihre wesentliche Funktion der Stabilisierung gesellschaftlicher Verhältnisse betrachten (siehe S.24).

the ways in which other persons act towards the person with regard to the thing." (BLUMER 1986, S.4)

Theater wird betrachtet als eine „spezifische symbolische Interaktion", die sich im Gegensatz zu anderen sozialen Handlungen durch Expressivität auszeichnet. Die im Begriff der „symbolischen Interaktion" enthaltenen Komponenten von „Interaktion" und „Kommunikation" sollen voneinander abgegrenzt werden, indem ersterer als die „Gesamtheit gesellschaftlicher Beziehungen" und zweiter als der „Verständigungs-prozess", bzw. als „Tausch von Nachrichten zwischen Personen und Personen-gruppen" verstanden werden soll (PAUL 1981, S.223f). Durch die Reaktion des Men-schen auf seine Umwelt, kommt es zu einer Inszenierung des eigenen Verhaltens, welches einerseits aus dem Selbstbezug auf die „Ich-Identität" heraus und anderer-seits aus der Einnahme der Position des anderen, durch die man auf sich zurückblickt, entsteht. Dieser von Mead bezeichneten Prozess des „taking the role of the generalized other" (MEAD 1968, S.300) bildet das Kernstück aller symbolischen Interaktionen, in der Handelnde immer auch Behandelte sind (PAUL 1981, S.224f).

Die Verständigung über die von Mead als „signifikante Symbole" bezeichneten audio-visuellen Gesten ist letztlich entscheidend für die persönliche Identitätsent-wicklung und bildet die Grundlage für theatralisches Handeln:

„Indem das signifikante Symbol die Übernahme der Rolle des anderen und damit Ich-Distanz voraussetzt, bewirkt es nicht nur die Identität der mensch-lichen Persönlichkeit, sondern schafft unter anderem auch das, was wir „Theater" nennen [...]." (PAUL 1981, S.226f.)

Grenzen zwischen Theater und Gesellschaft

Im Folgenden wird die Interaktionstheorie von Erving Goffman eingeführt und mit den Theaterverständnissen von Gurvitch und Boal kontrastiert.

Als bedeutendster Vertreter der Alltagssoziologie vergleicht Goffman[6] die mensch-liche Darstellung und Interaktion mit den Geschehnissen auf einer Bühne. In seinem Klassiker „Wir alle spielen Theater"[7] analysiert er die Selbstdarstellung des Indivi-duums und bedient sich dabei mit Theater-Begriffen wie „Rolle", „Fassade", „Publikum", „Regieanweisung", „Ensemble", „Vorder- und Hinterbühne" (GOFFMAN 1969). Interessant ist dabei insbesondere, dass Goffman ein wandelbares und kontext-

---

[6] Goffmans Arbeiten werden oftmals mit den Theoretikern des Symbolischen Interaktionismus in Zusammenhang gebracht, er selbst distanziert sich jedoch von ihnen.
[7] Im Original: The presentation of Self in Everyday Life (1959).

spezifisches Konzept von Identität entwirft, welches permanent re-interpretiert werden muss:

> „Das Selbst als dargestellte Rolle ist also kein organisches Ding, das einen spezifischen Ort hat und dessen Schicksal es ist, geboren zu werden, zu reifen und zu sterben; es ist eine dramatische Wirkung, die sich aus einer dargestellten Szene entfaltet, und der springende Punkt, die entscheidende Frage ist, ob es glaubwürdig oder unglaubwürdig ist." (GOFFMAN (1969) 2004, S. 231)

Goffman grenzt sich jedoch scharf von dem Versuch, Gesellschaft mit Theater gleichzusetzen, ab und beschränkt sich auf die Analyse von dramatischen Geschehen *innerhalb* der sozialen Wirklichkeit. Das Selbst ist für ihn ein „soziales Produkt", das einerseits durch die symbolische Interaktion entsteht und andererseits aufgrund struktureller Elemente, wie Normen und Werte, geformt wird:

> „the self is a social product. The self is a social product in two senses. First, it is a product of the performances that individuals put on in social situations. [...] secondly, even though individuals play an active role in fashioning these self-indicating performances, they are generally constrained to present images of themselves that can be socially supported in the context of a given status hierarchy." (LEMERT/BRANAMAN 1997, xlvi)

Goffmans Schwerpunkt ist es, Interaktionssysteme zu beobachten und zu interpretieren. Sein dabei oft statischer Blick auf Gesellschaft wird zum Beispiel durch Dahrendorf hinterfragt. Dieser wirft die Frage auf, was geschehen würde, wenn das von Goffman definierte zusehende Publikum in der Alltagsinteraktion mitspielen wollen würde (DAHRENDORF, in GOFFMAN 2004, VIII). Durch seine scharfe Trennung zwischen Darstellenden und Publikum reproduziert Goffman, so seine Kritiker, bestehende gesellschaftliche Machtverhältnisse und blendet die Möglichkeit für Veränderung weitgehend aus. Für Goffman ist der Mensch selbst zwar wandlungsfähig und stets damit beschäftigt Rollen zu erlernen, dennoch sieht er in der Theatralität des Menschen kein Potential für gesellschaftlichen Wandel (WIEGAND 1999, S.27-29).

Gurvitch argumentiert für die Trennung zwischen Theater und Gesellschaft mit dem Hinweis, dass sich Menschen auf der Bühne aus den Konflikten und den Rollen, die sie spielen, jederzeit entfernen können, während dies bei sozialen Rollen, die durch die jeweiligen sozialen Strukturen den Individuen, Gruppen oder Klassen zugeordnet werden, nicht möglich sei (GURVITCH nach SILBERMANN 1973, S.169f).
Dieser These, wonach die im Theater angenommen Rollen keinen Handlungsspielraum in der Realität eröffnen, würde die Theorie von Boal, dem Begründer des

`Theaters der Unterdrückten´, vehement widersprechen. Seiner Ansicht nach verlaufen die Grenzen zwischen Theaterspielen und Alltagsverhalten wesentlich durchlässiger:

> „The theatralical language is the most essential human language. [...] The only difference is that actors are conscious that they are using the language of theatre, and are thus better able to turn it to their advantage, whereas the woman and man in the street do not know that they are speaking theatre…"
> (BOAL 1992, xxx).

2.2. Theoretische Einordnung des `Theaters der Unterdrückten´

Das `Theater der Unterdrückten´ entstand in den 70er Jahren vor dem Hintergrund der Machtübernahme des Militärs in Brasilien und verstand sich zunächst als Antwort auf die Repression in den Diktaturen Lateinamerikas aber auch als anti-autoritäres und damit nicht-propagandistisches Theater, das die Trennung zwischen Schauspielenden und Publikum aufzuheben anstrebt. Die von Augusto Boal entwickelten und bis heute noch weiter erneuerten Theatermethoden finden in Lateinamerika und Europa weite Verbreitung in der politischen Bildungsarbeit und als Medium für soziale Bewegungen (vgl. WIEGAND 2004). Zunehmend werden sie auch in Afrika und Asien für die Felder der Konfliktbearbeitung und entwicklungspolitische Inhalte angewandt.

Selbstverständnis des `Theaters der Unterdrückten´

Ähnlich wie Mead und die Vertreter der Theorie des symbolischen Interaktionismus sieht Boal im Theater die menschliche Fähigkeit verwirklicht, sich selbst beim Handeln beobachten zu können. Der Mensch wird für Boal gewissermaßen erst dadurch zum Menschen, dass er sich selbst beim Handeln beobachten kann und sich des Theaters als symbolische Handlungsform bedient: "The being becomes human when it discovers theatre" (BOAL, 1998, S.7).

Während Goffman in seinen Analysen die Grenzen zwischen Theater und Realität und zwischen Rolle und Publikum sehr klar hält, versucht Boal diese in der Praxis zu verwischen, indem er dafür plädiert, mehr Theater in den Alltag zu integrieren[8] und indem er durch Methoden, wie z.B. das „Unsichtbare Theater"[9] konkret Über-

---

[8] Es stellt sich jedoch die Frage, inwieweit es überhaupt möglich ist, Goffman und Boal adäquat zu vergleichen, da Goffman Theaterbegriffe vornehmlich als analytische Werkzeuge für die Soziologie verwendet, während Boal, als Theaterpraktiker, Theater als Medium für gesellschaftliche Veränderung ansieht und anzuwenden versucht.

[9] Die umstrittene Methode des „Unsichtbaren Theaters" radikalisiert den Gedanken der Aufhebung der Grenzen zwischen Schauspielenden und Zuschauenden, indem die Auftritte so platziert

schneidungsbereiche provoziert. Theater ist für Boal die „Summe aller möglichen Sprachen" der Menschen, worunter er neben der linguistischen Verständigung auch Kunstformen wie Musik, Malerei, Film etc. zählt (BAUMANN 2001, S.11). In diesem Sinne ist die Verwendung von Theater eine universale menschliche Eigenart und erfordert keinerlei Ausbildung oder besondere Begabung. Für Boal sind alle Menschen SchauspielerInnen und jeder Mensch *ist* Theater. Er bezieht sich auf die Definition von Theater von Lope de Vaga, der sagt: "Theater beinhaltet die leidenschaftliche Auseinandersetzung zweier Menschen auf einer Bühne" (zitiert in BOAL 1999, S.27). Boal betont, dass es im Theater um Konflikte und Widersprüche in der zwischenmenschlichen Interaktion geht, die mit Leidenschaft, also nicht als Gemeinplatz oder Trivialität, vorgetragen werden. Die Bühne ist als Raum für Publikum und Schauspiel entscheidend, kann jedoch durch die einfachsten Mittel (ein paar Bretter auf einem öffentlichen Platz) geschaffen werden (BOAL 1999, S.27).

Boals Grundgedanke ist es, anhand von konkreten sozialen Ereignissen mit Hilfe des Theaters die dahinterliegenden Unterdrückungsstrukturen greifbar machen zu können:

> „Die kleinsten Zellen der Gesellschaft (das Paar, die Familie, die Nachbarschaft, die Fabrik usw.) und ebenso die kleinsten Ereignisse in unserem sozialen Leben (ein Unfall an der Straßenecke, eine Kontrolle in der U-Bahn usw.) beinhalten alle moralischen und politischen Werte der Gesellschaft, all ihre Strukturen von Herrschaft, Macht und Unterdrückung. Die großen sozialen Themen schlagen sich in den kleinsten persönlichen Ereignissen nieder." (BOAL 1999, S.47)

Seiner Auffassung nach erfahren in der Realität alle Menschen verschiedenste Formen von Unterdrückung (BOAL 1979, S.39). Unterdrückung bedeutet für Boal also nicht nur das Machtgefälle in der persönlichen und sozialen Interaktion zwischen Individuen, sondern auch festgeschriebene Rollen in sozialen Systemen und öffentlichen Ritualen, die Menschen entweder zu aktiven oder zu passiven Wesen erklären (BOAL nach WIEGAND 1999, S.42). Ein Mensch kann selbst Unterdrücker und Un-

---

werden, dass die Zuschauenden nicht wissen, dass es sich um Theater handelt und sie folglich unbewusst Akteure im Geschehen sind. (siehe BOAL 1979, S.34-39 oder WIEGAND 1999, S.113-128). Ein beliebtes Thema für Unsichtbares Theater ist das Spielen von rassistischen Übergriffen im öffentlichen Raum, bei denen es den Schauspielenden darum geht, die Zivilcourage der Passanten auf eine Probe zu stellen. In Nepal wurde unter anderem zu dem tabuisierten Thema Korruption mit Unsichtbaren Theater gearbeitet, wobei die Schauspielenden in der Öffentlichkeit für großen Aufruhr sorgten, angesichts ihres (gespielten) Entsetzens über die illegal geforderten Geldsummen. Dieser Auftritt endete schließlich mit dem Eintreffen des Wachpersonals, das den Schauspielenden zunächst ihr „Spielen" nicht glauben wollte.

terdrückter zugleich sein, je nach Situation, in der er sich befindet (WIEGAND 1999, S.62).[10]

Boal versteht sein ʹTheater der Unterdrücktenʹ als konsequente Fortführung der von Brecht inspirierten Idee der politischen Einflussnahme durch das Theater. Während Brecht das Publikum zum Nachdenken bringen will, der Schauspielende jedoch *stellvertretend* für den Zuschauenden handelt, löst sich der Zuschauende im Forumtheater von der Rolle des passiv Beobachtenden und greift in die Handlung des Stückes ein. Die Hierarchie zwischen den aktiven Schauspielenden auf der einen und den passiven Zuschauenden auf der anderen Seite wird dadurch aufgehoben (BOAL 1979, S.68). Er grenzt sich in seinem Theaterverständnis von Aristoteles und dessen „Poetik der Unterdrückung", bei dem das Denken und das Handeln gänzlich durch die Schauspielenden geschieht, und von Brechts „Poetik der Bewusstmachung" ab. Dagegen setzt er das Forumtheater als einen Weg in die Befreiung von Unterdrückung:

> "Die Poetik der Unterdrückten ist eine Poetik der Befreiung. Der Zuschauer ermächtigt keine Figur mehr, für ihn zu denken, noch zu handeln. Der Zuschauer befreit sich: er denkt und handelt selbst." (BOAL 1979, S.66)

Er räumt ein, dass es durch Theater selbst nicht zur Revolution gesellschaftlicher Verhältnisse kommen werde, das Erleben im ʹTheater der Unterdrücktenʹ jedoch eine Vorübung für den Umsturz darstellen kann:

> „Auch wenn Theater selbst nicht revolutionär ist, diese Theaterformen sind ohne Zweifel eine Probe zur Revolution, gehandelt wird in der Fiktion, aber die Erfahrung ist konkret." (BOAL 1989, S.58)

Boal hat in Abgrenzung zur aristotelischen Katharsis (griech.: Reinigung, Läuterung), deren Ziel es ist, die bestehende Ordnung zu bestätigen und aufrechtzuerhalten, eine eigene Auffassung von Katharsis entwickelt: Ziel des Theaters der Unterdrückten sei nicht das Gleichgewicht, sondern ein "Ungleichgewicht, das den Weg für eine Handlung vorbereitet" und die „Dynamisierung" der Zuschauenden (BOAL 1999, S.72). Durch die Aktivierung des Publikums zum Mitspielen überwindet dieses jene „Blockaden, die ihm für ähnliches Handeln in seinem Alltag im Wege stehen" (BOAL 1999, S.72). Das Theater könne, so Boal, den Menschen dazu dienen, Unterdrückung

---

[10] Hierbei geht es um die klassischen Widersprüchlichkeiten diverser sozialer Rollen, wie z.B. der Firmenchef, der zu Hause von seinem Vater diskriminiert, der einfache Arbeiter, der vom Chef unterdrückt wird, jedoch zu Hause seine Frau unterdrückt etc.

sichtbar zu machen und ihnen verdeutlichen, dass sie verschiedene Möglichkeiten haben, die Realität zu beeinflussen bzw. zu verändern. Das Theater soll aufzeigen, dass "Widerstand gegen Unterdrückung immer möglich ist, ja, dass man Widerstand leisten muss", um nicht selbst den Unterdrückern behilflich zu werden (BOAL 1979, S.40f).

Forumtheater als Methode für Konfliktbearbeitung

Bevor in diesem Abschnitt der methodische Ablauf des Forumtheaters dargestellt wird, soll zunächst auf das ihm zugrundeliegende Konfliktverständnis eingegangen und ein kurzer Einblick in zentrale konfliktsoziologische Debatten gegeben werden.

Als eine der bekanntesten Methoden des `Theaters der Unterdrückten´ wird das Forumtheater oftmals als Medium der interaktiven Konfliktbearbeitung genutzt. Nach Boals Verständnis ist die Essenz des Theaters und damit auch des Lebens der Konflikt: „Theater bedeutet Konflikt, weil das Leben auf Konflikt gebaut ist." (BOAL 1999, S.61). Der Konflikt entsteht daraus, dass jeder Bühnencharakter einen intensiven Wunsch hegt, der unausweichlich mit den Wünschen der anderen in einen Konflikt gerät, aus dem dann die dramatische Aktion entspringt. Den Höhepunkt des Konfliktes bildet die „Krise". Hierbei bezieht sich Boal auf die doppelte Bedeutung des chinesischen Begriffs für Krise, welcher gleichzeitig für „Gefahr" und für „Gelegenheit" steht (BOAL 1999, S.60f). Es wird deutlich, wie das Konfliktverständnis von Boal das dialektische Verhältnis von Konflikt als „Motor für sozialen Wandel" und andererseits als der potentielle „Zerstörer sozialer Ordnung" (BOHNACKER 1996, S.16) reflektiert. Seine Theatermethoden dienen jedoch als Instrument für einen Wandel, der die Perspektiven und Bedürfnisse von gesellschaftlich marginalisierten Menschen ins Zentrum rückt.

In den konfliktsoziologischen Debatten wird die Frage nach der Gestalt und der gesellschaftlichen Funktion von Konflikten kontrovers diskutiert:
Georg Simmel, der als der Begründer der Konfliktsoziologie bezeichnet wird, hat als erster die positiven Funktionen von sozialen Konflikten in den Mittelpunkt gerückt, indem er Konflikten als eine Form der menschlichen Vergesellschaftung eine per se integrative Rolle zuschreibt. Simmel betont, dass soziale Konflikte gesellschaftlich unumgänglich und als solche Teil eines wechselseitigen Prozesses zwischen Konflikt und Vereinigung seien (SIMMEL 1908).

Daran anschließend postuliert in den 50er Jahren Lewis Coser aus funktionalistischer Perspektive, dass Konflikte zur Stabilisierung sozialer Verhältnisse beitragen und damit gesellschaftlichen Nutzen hätten. Er unterscheidet zwischen „echten" und „unechten Konflikten", wobei er die unechten als dysfunktionale bezeichnet, da sie die Stabilität des Sozialsystems gefährden, indem sie lediglich aus dem Entladen psychischer Frustrationen entstehen (COSER 1972).

Ralf Dahrendorf kritisiert das funktionalistische Konfliktverständnis mit dem Hinweis darauf, dass dieses auf Grund seines starren Gesellschaftsmodells nicht in der Lage ist, sozialen Wandel hinreichend zu erklären. Für ihn liegt „die permanente Aufgabe, der Sinn und die Konsequenz sozialer Konflikte darin [...], den Wandel globaler Gesellschaften und ihrer Teile aufrechtzuerhalten und zu fördern." Das Ausbleiben oder Unterdrücken von Konflikten verlangsame den Wandel und damit letztlich auch den Prozess der gesellschaftlichen Entwicklung (DAHRENDORF 1961, S.124f).

Auf der Suche nach einem „modernen" Konfliktverständnis bemängelt Ulrike Wasmuht die fehlende Klarheit der soziologischen Begriffsdefinitionen. Das Hauptproblem sei, dass oftmals Beschreibung und Bewertung, sowie auch die Form der Konfliktaustragung als Charakteristikum für den Konflikt selbst, vermischt würde. Wasmuht plädiert dafür, den Konflikt als wertfreien „sozialen Tatbestand" zu betrachten:

> „bei dem mindestens zwei Personen (Einzelpersonen, Gruppen, Staaten) beteiligt sind, die a) unterschiedliche, vom Ausgangspunkt her unvereinbare Ziele verfolgen [...] und/oder b) unterschiedliche, vom Ausgangspunkt her unvereinbare Mittel [...] zur Erreichung eines bestimmten Zieles anwenden wollen..." (WASMUHT 1992, S.7f).

Diese Definition kommt der von Boal beschriebenen Kollision unterschiedlicher intensiver Wünsche und Mittel auf der Bühne sehr nahe und ist für das Konfliktverständnis dieser Studie zentral. In Anlehnung an diese wertfreie Definition soll die Frage, ob Konflikte per se positive oder negative gesellschaftliche Funktionen erfüllen, zunächst unbeantwortet gelassen werden.

Der Aufbau einer Forumtheateraufführung ist in zwei Teile eingeteilt: die Aufführung und die Interaktion mit dem Publikum. In der ersten so genannten „Modellszene" präsentieren die SchauspielerInnen dem Publikum eine Konfliktsituation zwischen `Protagonist´ (Unterdrückter) und `Antagonist´ (Unterdrücker), die sie mit klar charakterisierten Rollen im Vorfeld geprobt haben. Am dramatischen Höhepunkt der Szene scheitert der `Protagonist´ mit seinem Interesse und der

`Antagonist´ behält die Macht (KOCH 2003, S.108). In diesem Moment der Zuspitzung des Konflikts stoppt der so genannte „Joker" (Nepali: *Sutradhaar*), der schon zu Beginn das Publikum auf sein Mitwirken als Moderator vorbereitet, das Stück. Er befragt die Zuschauenden nach ihren Ideen und ermutigt sie, selbst ins Bühnengeschehen einzugreifen. Nach jeder Intervention holt er erneut die Meinungen des Publikums ein und sucht nach alternativen Handlungsoptionen für die Benach-teiligten der Szene, die dann wiederum von den SchauspielerInnen und den inter-venierenden ZuschauerInnen umgesetzt werden. Im Idealfall spielen die Zuschauer-Innen ihre Interventionsideen selbst, versetzen sich dadurch in die Rolle der Unter-drückten und erleben die Situation aus der Innenperspektive[11]. Dieser Prozess der direkten Rollenübernahme ermöglicht das kognitive Erleben der Position der unter-drückten Person und beinhaltet zentrale Momente der Selbsterfahrung. Die Schau-spielerInnen haben die Aufgabe auf jede Intervention durch Improvisation zu reagieren, jedoch innerhalb ihrer angelegten Rollen zu bleiben. Das Stück entwickelt sich somit in verschiedene Richtungen weiter und kommt zu mehreren Endpunkten. Der Joker ist die Schlüssel-Figur im Diskussionsprozess, der durch die Forumszene initiiert wird und hat insofern die exponierte Rolle eines „neutralen" Spielleiters, dem es insbesondere gelingen soll, die Betroffenen und „Unterdrückten" zu Wort kommen zu lassen, dabei jedoch den Prozess nicht durch die eigenen Ansichten zu prägen. Er/sie entscheidet sich für die Reihenfolge und auch für die Auswahl der gespielten Interventionen (im Idealfall werden alle Vorschläge umgesetzt), beendet die jeweils improvisierten Teile des Stückes und öffnet anschließend wieder den Raum für die Diskussion und für neue Vorschläge, bis der Prozess zu einem Ende findet und/oder durch den Joker abgeschlossen wird.

Eine wichtige Grundidee des Forumtheaters ist, soziale Konflikte nicht als indivi-duelle Herausforderung und Belastung zu betrachten, sondern sie in die Gesellschaft zu tragen und gemeinsam zu bearbeiten. Dieser Prozess der Kollektivierung indi-vidueller Problemlagen soll einerseits der Bewusstwerdung von Unterdrückungs-verhältnissen dienen und andererseits zu mehr Widerstand führen. Meist durchleben die Zuschauenden nach der Präsentation der Modellszene das Gefühl der Ohnmacht angesichts der gezeigten sozialen Situation. Sobald jedoch die ersten unter ihnen

---

[11] In Nepal gelingt es den Theatergruppen bisher nur an manchen Punkten, das Publikum zum Mitspielen auf die Bühne zu holen. Wenn die Zuschauenden nur verbale Vorschläge äußern, die dann nicht von ihnen selbst, sondern von den Schauspielenden umgesetzt werden, so spricht Boal von „simultaner Dramaturgie" (BOAL 1989 S.239f.) und nicht von Forumtheater.

Vorschläge für Handlungsspielräume liefern, inspirieren sie sich darin gegenseitig und es entwickelt sich ein lebhafter und (meist) konstruktiver Diskussionsprozess, bei dem das Publikum von- und miteinander lernt.

Forumtheater als diskursiver Raum

Im Rahmen dieser Studie soll die soziale Situation des Kachahari-Theaters als ein Raum des kommunikativen Handelns betrachtet werden, wobei die Theorie von Jürgen Habermas hierfür die Grundlage bildet.

Habermas geht davon aus, dass das kommunikative Handeln als ein „Prinzip der Vergesellschaftung" (1981, S.452) allgegenwärtig ist und gesellschaftlich etablierte Alltagsnormen voraussetzt. Wenn jedoch ein Konflikt entsteht, so wechselt das kommunikative Handeln auf die Diskursebene. Es entsteht eine Öffentlichkeit, in der es zur Neuverhandlung und letztlich zur Etablierung neuer Normen kommt. In Anlehnung an Mead, der Systemstrukturen als Produkte intersubjektiver symbolischer Handlungen versteht, stellt Habermas dieser allein alltagtheoretischen Argumentationen eine systemische Ebene entgegen. In seiner normativen Theorie ist die *Lebenswelt* der Raum, in dem das kommunikatives Handeln praktiziert wird. Dadurch gelingt ihm eine Verknüpfung der handlungstheoretischen und der systemtheoretischen Soziologie, die einen kontextbildenden Horizont für die Erfahrung struktureller Aspekte im Alltag herstellt. Ausgangspunkt für das kommunikative Handeln sind unterschiedliche Geltungsansprüche, welche über den Einsatz von Sprache mit dem Ziel einen Konsens zu erreichen, ausgetauscht werden:

> „Allein das kommunikative Handlungsmodell setzt Sprache als ein Medium unverkürzter Verständigung voraus, wobei sich Sprecher und Hörer aus dem Horizont ihrer vorinterpretierten Lebenswelt gleichzeitig auf etwas in der objektiven, sozialen und subjektiven Welt beziehen, um gemeinsame Situationsdefinitionen auszuhandeln" (HABERMAS 1981, S.142).

Im idealen Diskurs zählt nach Habermas das `bessere Argument´, und unterschiedliche Meinungen können im *herrschaftsfreien Raum* gleichberechtigt miteinander konkurrieren und etablieren im Konsens eine universal gültige Moral. Er geht in seiner Konzeption einer herrschaftsfreien Ordnung von einem gesellschaftlichem Ideal aus, in der die Willensbildung gleichberechtigt über freiwillige Assoziationen verläuft: „Eine über Assoziationen statt über Märkte integrierte Gesellschaft wäre eine politische und gleichwohl herrschaftsfreie Ordnung" (HABERMAS 1994, S.201).

Historisch ist dieser Entwurf für ihn am ehesten am Beispiel der liberalen bürgerlichen Öffentlichkeit durch die Etablierung der Salon- und Kaffeehauskultur des 18. und frühen 19. Jahrhunderts in England, Frankreich und Deutschland verwirklicht worden. Im Vergleich zu der davor etablierten „repräsentativen Öffentlichkeit" der Herrschaftsstände (Adel, kirchliche Würdenträger, Könige) bot sich hier die Möglichkeit der Diskussion, an der die neue Schicht der „Bürgerlichen" gleichermaßen teilnahm (HABERMAS 1991, S.80-82).

Die moderne Gesellschaft zeichnet sich für Habermas jedoch dadurch aus, dass der Bereich der Lebenswelt zunehmend von den Subsystemen, wie den Rechts- und Wirtschaftssystemen und den politisch-administrativen Systemen als Orte zweckrationalen Handelns *kolonialisiert* wird. Während Aristoteles für die Antike eine Dreiteilung der Handlungsformen bestimmt, bei der die *theoria* (das zweckfreie Denken) an der ersten, die *praxis* (das Handeln, zwischenmenschliche Interaktion) an der zweiten und die *poiesis* (das Herstellen, Arbeiten) an der dritten Stelle steht, argumentiert Habermas, dass sich diese Ordnung in der Neuzeit verschoben habe. Aufgrund von zunehmenden Rationalisierungsprozessen der kapitalistischen Produktionsweisen haben sich die zweite und die dritte Ebene in der Moderne vertauscht, so dass das zweckrationale Handeln der *poiesis* heute über dem kommunikativen Handeln angeordnet ist, was zu einer „Austrocknung" der politischen Öffentlichkeit geführt habe (HABERMAS 1968). Habermas' zentrale Forderung ist die Revitalisierung der *praxis*, die dann ein Gegengewicht zu dem Prozess der Kolonialisierung der Lebenswelt bilden soll. Um gesellschaftliche Veränderung zu erreichen, bedarf es einer gestärkten Lebenswelt, die emanzipatorische Potentiale zulässt, indem sie sich den „Imperativen des Systems" entzieht und somit Individuen in die Lage versetzt „die normativen Werthaltungen und Orientierungen in Frage zu stellen, [und] sich in einem langwierigen Lernprozess von diesen abzukoppeln und zu emanzipieren" (STAMM 1988, S.268).

In der vorliegenden Studie wird Boals Anliegen des Forumtheaters als "Probe zur Revolution" (BOAL 1989, S.58) mit dem Habermas'schen Wunsch nach einer Entkolonialisierung der Lebenswelt verknüpft betrachtet. Die soziale Situation eines Forumtheaterauftritts soll hierbei als eine Form von diskursiver Öffentlichkeit verstanden werden. Von Interesse ist hierbei, dass strukturelle Unterdrückung[12] im Forumtheater auf die individuelle Ebene gebracht werden muss, woran sich die Hauptkritik an der Methode festmachen lässt: Von marxistischer Seite aus wird dem Forumtheater vorgeworfen, dass es sich darin erschöpfe, den Menschen individuell ihre Lage bewusst zu machen, ihnen dann jedoch eher zur besseren Anpassung verhelfe als dazu, Strategien für das Ankämpfen gegen die gesellschaftlichen Verhältnisse zu entwickeln:

> „Boal (1992) theoretically commits to Marx's principle here, particularly in relation to allowing people to attempt to make sense of their own situation, but it is in the application of his belief that he leans towards the first two of Marx's choices: reflection and adaptation. Boal fails to show people what they are fighting for and how to achieve it other than in an individualistic, idealistic capacity" (O'SULLIVAN 2001, S.93).

Indem soziale Konflikte im Forumtheater zwangsläufig auf konkrete Rollen und Situationen übertragen und am Einzelfall bearbeitet werden müssen, besteht die Gefahr, dass die Aufführung beim Publikum längerfristig weniger zu einem kollektiven Bewusstsein der eigenen Unterdrückung und der Notwendigkeit des Kampfes (im Sinne von Boal) führen, sondern sich - im Sinne von Gurvitch - in dem Aufzeigen von individuellen Handlungsoptionen erschöpfen, durch die die jeweilige Unterdrückungssituation für die Betroffenen erträglich gestaltet werden kann.[13] Mit Habermas könnte man argumentieren, dass es im Forumtheater vorrangig um die Verhandlung von Normen geht, deren Veränderung strukturelle gesellschaftliche Neuordnung in der Sphäre der Lebenswelt nach sich zieht. Die daraus resultierende Stärkung der Lebenswelt hat automatisch eine Schwächung der in sie eindringenden Subsysteme zufolge (nicht jedoch deren Abschaffung).

Eine zentrale Rolle nimmt hierbei der Joker als Moderator des Diskussionsprozesses ein. Durch die Art, *wie* der Joker sich an die Zuschauenden wendet, *wie* er seine

---

[12] Unterdrückung verstehe ich als relativen Begriff. Unterdrückt ist demnach jedeR, der/die die Zwänge und Pflichten anderer, die mehr Macht besitzen, annehmen muss.

[13] Dem marxistischen Vorwurf des mangelnden strukturellen Veränderungspotentials setzt sich Boal durch die Entwicklung seines „Legislativen Theaters", welches oftmals in Verbindung mit Forumtheater angewandt wird, entgegen. Im Legislativen Theater geht es darum, im diskursiven Raum der Theateraufführung Gesetzesvorschläge zu erarbeiten, die dann in juristischem Wortlaut umgeschrieben und direkt in den parlamentarischen Prozess hineingetragen werden sollen. Dieser Prozess war insbesondere in Rio de Janeiro extrem erfolgreich, dadurch dass Boal in den 90er Jahren selbst als Kandidat der Kommunistischen Partei einen Sitz im Stadtrat hatte und die von den Straßentheaterauftritten erarbeiten Vorschläge direkt auf die Tagesordnung brachte. In Europa gibt es von zivilgesellschaftlicher Seite zunehmend großes Interesse an den Methoden des Legislativen Theaters als eine Form der politischen Willensbildung, die konkrete Forderungen hervorbringt (Vgl. BOAL 1998, BAUMANN 2001).

Fragen formuliert, um diese zur Partizipation zu ermutigen, prägt er den Verlauf der Publikumsinteraktion mit und hat damit z.T. auch Einfluss darauf, inwieweit die strukturellen Ebenen der gespielten Szene in der Diskussion mitreflektiert werden.[14]

Boal betont die Möglichkeit, dass die Erfahrung einzelner Zuschauenden, die im Forumtheater zu Protagonisten werden und sich im theatralischen Raum von ihrer Unterdrückung befreien, sie für ihr eigenes Leben lehrreiche Schlüsse ziehen lässt (BOAL 1999, S.50). Mit Hilfe des Forumtheaters kann über die Gegenwart reflektiert und gleichzeitig für zukünftige Handlungen geprobt werden (BOAL 1998, S.9) Dieser kognitive Prozess könnte dann gemeinsam mit dem sprachlich-diskursiven Austausch der Publikumsdiskussion zu einer Stärkung der Lebenswelt im Habermas'schen Sinne führen.

Im Rahmen dieser Forschungsarbeit kann jedoch leider nicht die Langzeitwirkung, sondern lediglich der unmittelbare Prozess *während* der Forumtheaterauftritte (Nepali: *kachahari natak*) analysiert werden. Die Kernfrage dieser Studie bezieht sich darauf, inwieweit das Forumtheater in Nepal als „herrschaftsfreier Diskurs" betrachtet werden kann.

Habermas arbeitet heraus, dass z.B. in einer Klassengesellschaft die gleichberechtigte Teilnahme am politischen Diskurs nicht gegeben sein kann (HABERMAS 1991, S.203). Ebenso macht er Einschränkungen mit den Verweisen auf geschlechtsspezifische Ausschlussmechanismen (ebenda, S.19). Fest steht für ihn, dass Bildung und Besitz elementare Voraussetzungen für die egalitäre Teilhabe am Diskurs bilden (ebenda, S.98-101).

Für seine Zukunftsvision, kommunikative Partizipation zunehmend egalitär zu gestalten, setzt Habermas seine Hoffnungen auf Verbände, Parteien, Organisationen, sowie auf die neuen sozialen Bewegungen, die die Interessen von Privatpersonen vertreten und damit Träger von liberaler Öffentlichkeit sind (HAHN 2001, S.37). Im nepalesischen Kontext könnten die Theatergruppen als solche Akteure gesehen werden, die durch das Forumtheater dazu beitragen wollen, den unterprivilegierten Bevölkerungsschichten Gehör zu verschaffen und damit die Teilhabe an öffentlichen

---

[14] In Bezugnahme auf die kommunikativen Räume der liberalen bürgerlichen Öffentlichkeit könnte man die Figur des Jokers im Forumtheater mit der Rolle eines/r bürgerlichen SalonbesitzerIn vergleichen. Beide bilden durch ihre Einladung zum Diskurs einen Rahmen, durch den kommunikative Interaktion erst ermöglicht wird, und haben darin gewisse Gestaltungsspielräume.

Diskursen ermöglichen. Anzumerken ist hierbei jedoch, dass das Kachahari-Theater bei den unmittelbaren Problemlagen des Publikums ansetzt und nicht den Anspruch erhebt, gesellschaftliche Diskurse des öffentlichen und politischen Lebens in jede Gemeinschaft zu tragen.

Interessant für die Fragestellung ist, inwieweit das Forumtheater durch seinen Fokus auf gesellschaftlich Unterdrückte einen temporären normativen Raum etabliert, in dem sich Verhandlungs- und Diskussionsprozesse in der Öffentlichkeit anregen lassen, in denen Hierarchien durch den Joker ausgeglichen werden, so dass sich alle *herrschaftsfrei* beteiligen können. Dies ist insbesondere vor dem Hintergrund der ausgeprägten sozialen Ungleichheit in Nepal, sowie vor dem enormen Spannungsverhältnis zwischen Tradition und Moderne eine brisante Frage (siehe S.35-46).

Ein `herrschaftsfreier Raum´ hat, so eine meiner Grundannahmen, bereits als temporäres Ereignis emanzipativen Gehalt und setzt vermutlich auch nachhaltig Kräfte frei, die zu gesellschaftlicher Veränderung im Sinne von mehr Emanzipation führen. Emanzipation wird hier, in Anlehnung an Schäfers, begriffen als „die Befreiung von Individuen oder Gruppen aus einem Zustand der Unmündigkeit und Abhängigkeit" (SCHÄFERS 2003). Zentral ist, dass es sich hierbei um einen *aktiven Prozess* handelt, der von den Unterdrückten selbst ausgeht.

2.3. Konfliktbearbeitung und Emanzipation im Kachahari-Theater

Wie bereits gezeigt wurde, ist das Theaterverständnis von Boal untrennbar mit dem Thema Konflikt und mit dem Konzept von Befreiung und Emanzipation verknüpft. Von Boal inspiriert verstehen die nepalesischen Theatergruppen die von ihnen übernommene und als *kachahari* bezeichnete Theaterform als Medium für *social change*[15] und für das *empowerment*[16] von gesellschaftlich marginalisierten Gruppen in Nepal. Durch die begriffliche Rückbesinnung auf die dörfliche Tradition von Kachahari als traditionelles Verfahren der Streitschlichtung, stellen die Gruppen einen positiven Bezug zur Tradition her. Obwohl das traditionelle Kachahari einer vergleichsweise hierarchischen Ordnung folgte (es entschieden meist die ältesten männlichen Respektspersonen), ist es den Gruppen ein zentrales Anliegen, lokales Wissen im Bereich Konfliktbearbeitung in Erinnerung zu rufen und damit aufzuwerten. Vor diesem Hintergrund ist die englischsprachige Verwendung entwicklungspolitischer Konzepte wie *social change* und *empowerment* in dem Selbstverständnis der Theatergruppen sehr interessant, da sie im Kontrast steht zu ihrer bewussten Ablehnung der klassischen westlich geprägten entwicklungspolitischen Strategien, wie z.B. der Kommunikation von Entwicklungszielen über das Medium des Straßentheaters. In dem in Nepal weit verbreiteten und auch von diesen Gruppen für lange Zeit praktizierten entwicklungspolitischen Straßentheater werden, so ihre heutige Kritik, Verhaltensanleitungen an ein oftmals analphabetisches Publikum gegeben, damit dieses sich im Entwicklungsprozess opportun verhält. Dabei werden die Bedürfnisse des Publikums und die tieferen Ursachen für ihre jeweiligen Entscheidungen nicht miteinbezogen. Die Auftritte wirken bevormundend, oftmals her-

---

[15] Ich habe mich dafür entschieden, in Bezugnahme auf mein empirisches Material jene Kernbegriffe, die von meinen InformantInnen direkt aus dem Englischen in die nepalesische Satzstruktur aufgenommen werden mit *...* zu kennzeichnen. Das in der nepalesischen Mittelschicht, bzw. bei einem mittleren bis höheren Bildungsgrad weit verbreitete Phänomen der direkten Übernahme englischer Begriffe (insbesondere aus den entwicklungspolitischen Diskursen) ist für mich charakteristisch für die in der Einleitung beschriebenen Spannungen zwischen Tradition und Moderne, so dass ich es in meinem Auswertungsprozess berücksichtigen werde. Für die Theatergruppe trifft dies insbesondere für Konzepte wie „social change", „empowerment", „awareness", „education", „gender" etc. zu, die zwar z.T. durchaus auf Nepali übersetzt werden könnten, es jedoch in den seltensten Fällen werden. Die Gründe hierfür liegen vermutlich in der Tatsache, dass die englischen Begriffe die von außen kommende Konnotationen der Konzepte mittransportieren. Andererseits kann es jedoch auch als Modewelle und Verwestlichung, bzw. als Verinnerlichung der entwicklungspolitischen Paradigmen in der Mittelschicht interpretiert werden.

[16] Das aus den entwicklungspolitischen Diskursen stammende und von den Theaterschaffenden selbst oftmals verwendete Konzept des Empowerment fasse ich in dieser Studie mit dem etwas altmodischeren, jedoch weniger inflationär gebrauchten Begriff der Emanzipation.

ablassend und abwertend und schreiben Machtverhältnisse zwischen städtisch-gebildeten Schauspielenden und ländlich-ungebildetem Publikum erneut fest:

„Ihr Ansatz ist die Leute zu `belehren´. Auch wenn sie im Straßentheater sagen: `es ist eine Kampagne zur Bewusstwerdung (awareness rising)´ dann – wenn man ein Stück über Wald und Abholzung macht, dann sagen sie irgendwie indirekt im Stück: `Wegen EUCH haben wir dieses Problem. Also müsst ihr euer Verhalten ändern! Ihr seid die Dummen, die dieses Problem verursachen!´. So ungefähr ist die Nachricht. Und das, was wir [die Schauspielenden] lehren, ist so einfach, ich meine jeder weiß, wir brauchen den Wald [...] wenn sie [die Zuschauenden] es also tun [das Abholzen], muss es da ein Problem geben. Man ist nicht an diesem Problem interessiert und man sagt sehr allgemein: `tut das, tut das, tut das´, aber: `wer seid ihr, um so etwas zu sagen?!´"
(Sudeep, Theatergruppenleiter von Aarohan)

In einem weiteren Beispiel veranschaulicht er, wie inkonsistent das Verhalten nepalesischer EntwicklungshelferInnen mit privilegierten Bildungs-, Kasten- und Schichthintergrund oftmals ist und begründet damit seine Ablehnung gegenüber dem Straßentheater als moralisch illegitime Methode:

"Und im Straßentheater sagen wir: `bekommt nicht mehr als zwei [Kinder]. Falls es eine Tochter ist, das ist in Ordnung. Und natürlich auch für unsere Umwelt´. Aber der Chef von dieser Organisation, er hatte sieben Töchter!! Und er wartete auf einen Sohn! Also, wer hat uns da bezahlt, um diese Nachricht zu verbreiten?" (Sudeep)

Durch den Einbezug des Publikums im Forumtheater, so das Verständnis der Theatergruppen heute, wird diese paternalistische Struktur durchbrochen und für die gesellschaftlich marginalisierten Menschen eröffnet sich ein Raum, in dem sie ihre Gedanken und Bedürfnisse artikulieren und symbolisch, im theatralischen Raum, umsetzen können.

Die beiden für diese Forschung begleiteten Theatergruppen wurden in ihrem Konfliktverständnis unter anderem von der dänischen Nichtregierungsorganisation MS Nepal beeinflusst, welche seit 2001 mit der Theatergruppe Aarohan zusammenarbeitet und für den Beginn mit der Kachahari-Theaterarbeit als Medium der Konfliktbearbeitung wichtige Impulse gab. Unter dem Leitthema der friedlichen Konfliktlösung begann MS Nepal die Kooperation mit Aarohan und vermittelte in Form von Workshops Wissen zur Konfliktbearbeitung mit dem Ziel, Theater als Mittel für die Transformation von Konflikten einzusetzen. Die NGO orientiert sich an der klassischen Einteilung von Konflikten in drei Ebenen:

Zum einen betrachten sie die äußere, unpersönliche, gesellschaftliche System-Sphäre, die die Lebenssituationen der einzelnen übergreifend bedingt. In diese Kategorie fallen Dimensionen wie soziale, politische und kulturelle Ordnungen, die nur punktuell von Individuen beeinflusst werden können und nicht über das Medium des Forumtheaters.

Zweitens identifizieren sie die lokale Sphäre, in der die Ordnungen der ersten Ebene und das persönliche Leben der Einzelnen ihre Berührungspunkte haben. Gemeint ist die von Habermas als Lebenswelt identifizierte individuelle oder gemeinschaftliche Ebene, in der es zu zwischenmenschlichen Konflikten kommt, die von gesellschaftlichen Strukturen durchzogen sind.

Die dritte Sphäre steht für die innere, persönliche Auseinandersetzung des Individuums mit einem Konflikt. Hier geht es um Reflexion und um die Suche nach eigenen Handlungsoptionen (MS NEPAL REPORT 2003, S.13).

Nach dem Drei-Ebenen-Modell, welches von einigen der SchauspielerInnen in unterschiedlichen Arten widergegeben wurde, ist es jedoch nur möglich, die Konflikte des zweiten und dritten Levels theatralisch zu bearbeiten, während die erste Ebene zu übergreifend ist, als dass sie durch Theater verändert werden könne. Als extremes Beispiel für einen im Kachahari nicht zu bearbeitenden Konflikt wurde z.B. der bürgerkriegsähnliche Zustand genannt, in dem sich Nepal zur Zeit befindet. Dennoch wäre es möglich einige Aspekte dieses Konfliktes auf der zweiten und/oder dritten Ebene zu bearbeiten.

Die bisher überwiegend mit Bühnen- und Straßentheater arbeitende Gruppe Aarohan begann 2001 mit der brasilianischen Methode des Forumtheaters im nepalesischen Kontext zu experimentieren. Nachdem sie zunächst mit knappen Informationen aus dem Internet arbeiteten[17], erschlossen sie sich den theoretischen Hintergrund des Theaters der Unterdrückten zunehmend und haben heute eine Multiplikatorfunktion für die Verbreitung der Kachahari-Methode in Nepal. Nach dem Selbstverständnis der nepalesischen Theatermachenden wird durch die Bearbeitung sozialer Konflikte

---

[17] Der Direktor erzählte im Interview die Anekdote, wie er begann mit Forum zu arbeiten. Angeregt durch einen dänischen Mitarbeiter von MS Nepal hatten die beiden sich zur Anwendung dieser neuen Theaterform für das Feld der Konfliktbearbeitung entschieden, beide im Glauben, der andere wisse, worum es bei diesen ginge. Nachdem dann die Durchführung eines 10-tägigen Trainingsprogramms für sechs Theatergruppen angeregt wurde, gestanden sie sich gegenseitig ihre Unwissenheit und der Workshop wurde kurzfristig auf der Basis einer im Internet gefundenen 2-seitigen Zusammenfassung über das Forumtheater angeleitet.

mittels des Kachahari-Theaters ein selbstbestimmter Prozess der sozialen Veränderung und der Emanzipation marginalisierter Gruppen (Frauen, Kastenlosen, Landlose, ...) in Nepal angestoßen.

Im Zentrum dieser Forschungsstudie steht die Frage, inwieweit der von ihnen geschaffene diskursive Raum als *herrschaftsfrei* bezeichnet werden kann, bzw. inwieweit es auch hier zwangsläufig zur Reproduktion sozialer Realitäten und Machtstrukturen kommt, ohne dass diese verändert werden können. Entscheidend ist hierbei zum einen die Art der Darstellung von verschiedenen Rollen in den Theaterszenen und die darin angelegten Potentiale für Veränderbarkeit. Zum anderen ist der Verlauf des Interaktionsprozesses mit dem Publikum von großer Bedeutung. Es wird betrachtet, *wer* sich in welcher Form an den Diskussionen beteiligt, *wie* die Vorschläge inhaltlich lauten und *wie* und *von wem* sie umgesetzt werden. Dabei werden an verschiedensten Punkten die Perspektiven der Schauspielenden und Zuschauenden auf den Kachahari-Prozess gegenübergestellt. Darüber hinaus ist das Analysieren der Joker-Handlungen für den Verlauf des Geschehens und die Gewährleistung der Beteiligung der Betroffenen zentral.

3. Kontextualisierung der Forschungsregion

Der folgende Abschnitt umreißt einige der zentralen sozioökonomischen und politischen Hintergründe der aktuellen Lage Nepals mit dem Ziel, einen skizzenhaften Einblick in den regionalen Kontext des Forschungsfeldes zu geben. Es werden diejenigen soziokulturellen Spannungsfelder und Themen behandelt, die für das Verständnis der Empirischen Analyse und insbesondere für das Verständnis der lokalen Konflikte von Bedeutung sind.

3.1. Sozioökonomische und politische Hintergründe

In den Statistiken wird Nepal als eines der ärmsten Länder der Welt kategorisiert, als eines der so genannten „Least Developed Countries" (LDCs)[18]. Bei einem durchschnittlichen jährlichen Pro-Kopf-Einkommen von 230 US-Dollar sind 37% der Bevölkerung von absoluter Armut[19] betroffen (NHDR 2002). Trotz zunehmender Landflucht leben in Nepal immer noch 86% der Bevölkerung in ländlichen Gebieten. Diese leben überwiegend von Subsistenzlandwirtschaft (ZENSUS 2001). Obwohl es viele Kampagnen im Bereich Bildung gibt, liegt die Analphabetismus-Rate bei 54,8% (MUNZINGER LÄNDERHEFT 2003), wobei es hier ein enormes Gefälle zwischen Männern und Frauen, Stadt und Land und unterschiedlichen Zugehörigkeiten zu verschiedenen Kasten und Schichten gibt[20]. Diese von Arce und Long als „language of development" identifizierten und kritisierten Daten sind insofern mit Vorsicht zu genießen, als dass sie von internationalen Entwicklungsorganisationen veröffentlicht werden, die ein eingeschränktes Verständnis von Entwicklung haben und diese oft auf quantifizierbare Werte reduzieren (ARCE/LONG 2000, S. 34).

Zusammenfassend lässt sich sagen, dass Nepal von enorm ungleicher Reichtums- und Chancenverteilung geprägt ist und eine relativ kleine gebildete städtische Elite das Land weitgehend politisch und wirtschaftlich dominiert. 1990 kam in der lange von zwei Familiendynastien regierten hinduistischen Monarchie eine Demokratiebewegung in Gang, die durch einen wochenlangen Bürgeraufstand die Einführung einer

---

[18] Derzeit werden von der UN 40 Länder als LDCs kategorisiert, wobei die überwiegende Mehrheit der LDCs sich auf dem afrikanischen Kontinent befindet.

[19] Absolut arm ist nach UN-Angaben, wer von unter einem US-Dollar pro Tag lebt. 87% der Nepalesen leben von unter zwei US Dollar pro Tag (NHCR 2002).

[20] In Nepal ist die Alphabetisierungsquote aufgrund massiver Kampagnen seit den 50er Jahren kontinuierlich gestiegen; so zählte der Zensus von 1952/54 noch 5,3%, von 1971 schon 12,6% und der von 1991 bereits 39,6% alphabetisierte Bevölkerung, wobei auch die anfangs noch enorme Unterschiede zwischen den Geschlechtern (1952/54: 9,5% Männer versus 0,7% Frauen) stetig verringert wurden (siehe GRANER 1998). Dennoch sind von den AnalphabetInnen 34,3% männlich und 56,8% weiblich (ZENSUS 2001).

demokratischen Verfassung und des Mehrparteiensystems erkämpfte. Das zuvor pyramidenförmig hierarchisch organisierte Panchayat-System gewährte wenig Partizipationsmöglichkeiten für die Bevölkerung und der König galt als absoluter Souverän. Trotz Demokratisierung behielt der König seinen Status als Reinkarnation des Gottes Vishnu und genießt damit weiterhin eine religiös begründete Legitimation als Repräsentant der konstitutionellen Monarchie. Bis heute konstituiert sich Nepal als hinduistisches Königreich über die Koexistenz einer parlamentarischen Verfassung und eines hinduistischen Gesetzeskodes (das *Mulaki Ain*).

Der Prozess der Demokratisierung und Umverteilung ging dem maoistischen Flügel der kommunistischen Partei CPN (Communist Party of Nepal) nicht weit genug, so dass sich dieser Flügel 1996 abspaltete und in einen bewaffneten „Volkskrieg" eintrat. Die maoistische Bewegung fordert neben dem sofortigem Ende der repräsentativen Monarchie und der Einführung einer parlamentarischen Republik die Durchführung von Landreformen, breiteren Zugang zu öffentlicher Bildung und die Abschaffung des elitären Privatschulensystems (KRÄMER 1997).

Nach dem wiederholten Scheitern der Friedensgespräche zwischen Parlament und Maoisten und unter Einfluss des internationalen Drucks nach dem *11.September* wurde im November 2001 vom neuen König Gyanendra[21] der Ausnahmezustand ausgerufen und die Maoisten wurden zu einer „terroristischen Vereinigung" erklärt, was den Einsatz des Militärs zu ihrer Bekämpfung rechtfertigte (THAPA 2003). Aufgrund der Gefechte zwischen Militär und der maoistischen Armee befindet sich Nepal heute, insbesondere in den ländlichen Regionen, in einem bürgerkriegsähnlichen Zustand, der bereits mehr als 11.000 Menschenleben gekostet und nach Schätzungen von NGOs und der UN mindestens 100.000 Binnenflüchtlinge zur Folge hat. Amnesty International beklagt außerdem die extrem hohe Zahl von „offiziell Verschwundenen", die in Nepal im internationalen Vergleich am höchsten ist[22].

---

[21] Am 4.Juni 2001 kam der König Gyanendra auf den Thron, nachdem an einem Abendbankett des Königshauses die gesamte Königsfamilie ermordet worden war; nach offiziellen Angaben wurde dieses Massaker vom Kronprinz aus Verzweiflung über seine Heiratsverpflichtungen verübt, der sich im Anschluss selbst das Leben nahm. Da es keinerlei ZeugInnen für diesen Vorfall gab, ist die Frage, inwieweit der in direkter Erbfolge stehende Gyanendra im Zusammenhang mit diesem Anschlag stand, lediglich Gegenstand der Spekulation (siehe VON DER HEIDE 2002). Fest steht jedoch, dass der seit 1975 regierende progressive König Biredra in der Bevölkerung als Identifikationsfigur großen Rückhalt genoss, während dem vergleichsweise reaktionären Monarchen Gyanendra viel Skepsis entgegengebracht wird.
[22] vgl. http://www.amnestynepal.org/

Im Kontext dieser Forschungsarbeit ist die politische Lage relevant, da sie die Gesamtstimmung in der Bevölkerung stark prägt. In der Hauptstadt Kathmandu und der Kleinstadt Dharan ist der Konflikt, abgesehen von regelmäßigen Warnstreiks, verhältnismäßig wenig spürbar und tendenziell tabuisiert. Die Angst um Angehörige auf dem Land, das Thema Binnenflucht und die Arbeitsmigration aufgrund der unstabilen Lage sind jedoch sehr präsent.[23]

Die Auftritte des Kachahari-Theaters beschäftigen sich explizit nicht mit dem bewaffneten Konflikt des Landes[24], da dieser als Konflikt der ersten Ebene betrachtet wird, welcher durch das Theater nur schwer bearbeitet werden kann (siehe S.33). Dennoch ist die Theaterarbeit indirekt und in seltenen Fällen sogar direkt von der politischen Lage betroffen: So wurde kurz vor Beginn der Feldforschung in einem ländlichen Distrikt, der zunehmend unter maoistische Kontrolle gerät, ein Theatergruppenleiter 90 Tage lang in polizeilichen Gewahrsam genommen. Der Vorwurf, er stehe in Verbindung mit den Maoisten, konnte erst auf Grund von massivem Protest und Mobilisierung internationaler Menschenrechtsorganisationen entkräftet werden.[25]

Aufgrund der politischen Situation gibt es in den ländlichen Gebieten Nepals derzeit nur wenige Gruppen, die regelmäßige Kachahari-Auftritte organisieren, auch wenn die Zahl der in den Methoden trainierten Gruppen zunimmt.

---

[23] Einige InformantInnen hatten das Problem, dass sie aufgrund der unsicheren Lage nicht mehr zu ihren Familien fahren konnten. Insbesondere für die Jugend besteht in vielen Dörfern die akute Gefahr, von einem der beiden Militärs zum Mitkämpfen gezwungen zu werden, weshalb viele in die urbanen Zentren oder nach Indien migrieren.

[24] Es wurde mir jedoch berichtet, dass zur Zeit der Friedensgespräche im Sommer 2001 Kachahari-Aufführungen zu dem Thema „Was ist Frieden?" stattfanden, bei denen versucht wurde, alle Parteien im Publikum (Maoisten, politische Parteien, Zivilbevölkerung) in einen Dialog treten zu lassen. Die Lage habe sich nun aber so sehr zugespitzt, dass ein solches Gesprächsforum mit den dafür notwenigen Repräsentanten aller Gruppen nicht mehr denkbar wäre.

[25] Die Vorwürfe erfolgten maßgeblich aufgrund der thematischen Überschneidungen im Bereich Landlosigkeit, Kastendiskriminierung, Geschlechterhierarchie etc.

3.2. Soziokulturelle Spannungsfelder

Hier soll nun auf soziokulturelle Spannungsfelder eingegangen werden, die in süd-
asiatischen Gesellschaften und insbesondere in der nepalesischen verankert sind,
jedoch dynamischer und wandelbarer Natur sind und als miteinander verschränkte
Systeme betrachtet werden müssen.

Beziehungen zwischen Religion und Fatalismus

Nepal ist nicht nur politisch gesehen durchdrungen von Religion, sondern auch das
Alltagsleben ist geprägt von hinduistischen und buddhistischen[26] Weltanschauungen
und Ritualen. Auch wenn sich diese bisher nie in Form von Fanatismus ausgedrückt
haben, beeinflussen kulturelle Ausprägungen wie die Virulenz von fatalistischen
Grundhaltungen und die spezifische Form eines nepalesischen Kollektivismus den
Lebensalltag.

Der hinduistische Glaube an eine Wiedergeburt und an das Konzept von *Karma*, als
jenes individuelle Handeln, welches vorherbestimmt, wie das nächste Leben verlaufen wird, prägt die Wahrnehmung des eigenen Handlungshorizonts in der Gegenwart. Die Wirkungsmacht von Schicksal im Leben jedes Menschen wird in der folgenden rituellen Praxis deutlich:

> „There is a practice of keeping red ink and a pen, along with a few other ritual
> objects, in a room where the mother sleeps with her new born baby on the sixth
> night after it is born. The popular belief, supported by the priests, is that on this
> sixth night, Bhavi, the demi-god of providence, comes to the house to write the
> fate of the child on its forehead. Thereafter, one's life is guided at all times by
> the writing of Bhavi and it is not possible to really alter one's *bhagya*, fate, by
> any deed unless it is of a ritualistic kind aimed at affecting powerful
> supernatural forces" (BISTA 1991, S.77).

Dieser Glaube an göttliche Determination hat negative Auswirkungen auf die Entwicklung von eigenem ziel- und lösungsorientierten Verhalten, welches das Kernstück der erfolgreichen Konfliktbearbeitung bildet. Bista argumentiert, dass Strategien, die zur persönlichen Bereicherung und Selbstermächtigung dienen, oftmals
eher als ritualhaftes Handeln oder Selbstzweck gesehen werden (1991, S.6). So ist
z.B. Bildung traditionell gesehen keine Ressource, deren Ziel in der größeren Einflussnahme in der weltlichen Sphäre liegt. Vielmehr geht es bei ihrem Erwerb darum,

---

[26] Nach offiziellen Angaben leben in Nepal 80,6% Hindus, 10,7% Buddhisten, 4,2% Muslime und
andere Religionsgruppen (Christen machen nur 0,5% aus) (ZENSUS 2001), wobei die Grenzen
zwischen Buddhismus und Hinduismus sehr fließend verlaufen.

den eigenen Status und die persönlichen Privilegien zu erhöhen. Diejenigen, die gebildet sind, so die verbreitete Vorstellung, haben eine gesellschaftlich erstrebenswerte Position inne, in der sie nicht mehr arbeiten müssen. Bista stellt die These auf, dass fatalistische Grundeinstellungen in Nepal mit zunehmendem Bildungsgrad nicht zwangsläufig abnehmen, sondern auch bei den gebildeten Eliten des Landes durchaus vorhanden sind (BISTA 1991, S.78-90).

Im Rahmen meiner eigenen Forschungsarbeit in Nepal ist mir in diesem Zusammenhang das gesellschaftlich weit verbreitete folgenlose Klagen über die eigene Situation aufgefallen. Die rhetorische Redewendung *„ke garne?"* (Nepali: was tun?) wird in jeder erdenklichen Situation gebraucht, teilweise als Lückenfüller, teilweise als sprachlicher Impuls, um ein Gesprächsthema abzuschließen. Viele Themen endeten mit diesem fragenden Ausspruch, der jedoch die Antwort: *„Nichts kann man tun..."* schon impliziert und kein Gesprächsangebot für ein gemeinsames Suchen nach Handlungsoptionen darstellt.

Als weitere Erscheinungsform eines vorherbestimmten Lebensrahmens benennt Bista die als nepalesische Spielart eines Kollektivismus beschriebene Form von *afno manchhe* (Nepali: die eigenen Leute). Diese lebenslange und teilweise über mehrere Generationen laufende Praxis führt zu der ausschließlichen Pflege des inneren Kreises an persönlichen Kontakten und einer strikten Abgrenzung von den anderen als „Nicht-Personen" angesehenen Menschen. Die relativ stabile Institution des *afno manchhe* wird über das gemeinsame Zelebrieren von Festen und Ritualen aufrechterhalten und sorgt für den Erhalt starrer gesellschaftlicher Grenzen, die jedoch in begrenztem Umfang auch quer zu Kasten- und Klassenbarrieren verlaufen können (BISTA 1991, S.97-100). Es geht hierbei nicht darum das Spannungsfeld zwischen Kollektivismus und dem im westlichen Kulturkreis verbreiteten Individualismus zu bewerten, sondern lediglich darum, auf dessen Einflüsse auf den Theaterprozess hinzuweisen. Im Kachahari selbst sind jene Spannungen zwischen Kollektivismus und Individualität im Diskussionsprozess angelegt, indem das gemeinschaftliche Verhandeln der Zuschauenden die Handlungsspielräume für einzelne SchauspielerInnen absteckt.

Das nepalesische Kastensystem

Nepal wird normalerweise präsentiert als ein den Frieden liebendes Land, in dem verschiedene Kasten, Ethnien, Sprachgruppen und Religionen konfliktfrei koexistieren. Die herrschenden Eliten feiern diese `Einheit trotz kultureller Diversität´ Nepals und zitieren den berühmt gewordenen Kommentar des Königs Prithvi Narayan der Shah-Dynastie, unter dessen Herrschaft das Land vereinigt wurde: „This country is a flower garden of four *varnas* and thirty-six *jats* [Kursivdruck im Original]." (PRADHAN 2002, S.5).

Die schon vor der Einführung des Kastenbegriffs[27] existierenden indigenen Konzepte von *varna* (= Farbe) und *jaati* (= geboren werden, herkommen) werden in der Darstellung des Königs als positive Aspekte der nationalen Identität und nicht als hierarchische Elemente der Gesellschaft konstruiert. Der relative Begriff *jaati* bezieht sich hierbei auf die durch Geburt bestimmte Herkunft eines Menschen, die Gesamtheit aller Abstammungslinien, innerhalb derer man heiraten darf oder auf die gemeinsame ethnische und kulturelle Herkunft; *jaati* kann sich sowohl auf Geschlecht, als auch auf eine „Rasse", auf Kaste, auf einen „Stamm", eine Bevölkerung oder die Angehörigkeit eines Berufs beziehen.

Die vier *varna* dagegen reflektieren nicht die Geburt, sondern die Funktionen der einzelnen Menschen, die notwendig sind, um die soziale Harmonie und das „kosmische Gleichgewicht" aufrechtzuerhalten. Die aus der vedischen Opfertheorie abgeleitete Lehre von der Entstehung der *varna* besagt, dass diese aus den vier Körperteilen des Halbgottes Pursua hervorgegangen sind. Zwischen 200 v.Chr. und 200 n.Chr. sind den *varna* dann gesellschaftliche Funktionen zugeordnet worden:

Demnach entsprechen die *Brahmanen* dem Mund Pursuas und übernehmen die Aufgabe der Lehrenden und Lernenden und derjenigen, die religiöse Opfer vollbringen (Priester). Die *Kshatriya* repräsentieren die Arme und haben die Funktion Menschen zu schützen, zu opfern und zu lernen (Krieger). Die *Vaisya* bilden die Oberschenkel des Halbgottes und leisten die weltliche Arbeit, wie das Züchten von Rindern, die Ackerwirtschaft, sie verdienen und verleihen Geld, opfern und studieren. Die *Sudras* werden den Füßen Pursuas zugeordnet und haben die Aufgabe den drei höheren *varnas* zu dienen.

---

[27] Die Ursprünge des hinduistischen Kastenwesens reichen zurück bis 1500 v. Chr.. Der Begriff „Kaste" wurde jedoch von den Portugiesen im 16. und 17. Jahrhundert eingeführt und ist somit eine europäisches Erfindung. Die Rolle der Kolonialisierung Indiens war für die Verbreitung und Institutionalisierung der Kastenhierarchie von großer Bedeutung. Heute ist zum Teil nicht mehr nachvollziehbar, welche der Festschreibungen von außen kamen und welche bereits zuvor bestanden hatten.

Während die *jaati* normalerweise als die operationale Einheit der tatsächlichen Kaste betrachtet wird, gelten die *varna* als theoretische Kategorien, denen die *jaati* untergeordnet werden können (QUIGLEY 1993, S.4-12).

Die konkrete Gestalt der Kastenordnung in hinduistischen Gesellschaften ist jedoch höchst komplex, und die empirische Auseinandersetzung darüber, welche *jaati* welchen *varna* zugeordnet und welche Personen welchen *jaati* angehören ist sowohl für westliche Wissenschaftler als auch für die lokale Bevölkerung schwer zu überschauen (QUIGLEY 1993, S.7). Kritisiert wird heute deshalb die vereinfachte Darstellung von Luis Dumont (1979), der von der brahmanischen Ideologie ausgehend von einem *Homo Hierarchicus* in hinduistischen Gesellschaften spricht, welcher sich durch die Gegenüberstellung des Reinen und des Unreinen herausbildet und nach dem Prinzip der Hierarchie jedem Menschen einen Rang im Bezug auf das Ganze zuordnet. Die Konstruktion von Kasten als gänzlich hierarchisch angeordnete und geschlossene soziale Gruppen, hat sich als empirisch nicht haltbar erwiesen; dennoch zeigt sich, dass Kasten als ein System, das maßgeblich über das Arrangieren von Heirat am Leben erhalten wird, heute noch von großer Relevanz für die Identitätskonstruktion auf der einen, und für die strukturelle Prägung der sozialen Lage auf der anderen Seite ist.

Der Anthropologe Steven M. Parish beschreibt in seiner auf langjährigen Feldstudien in der Gemeinschaft der Newari[28] basierenden Studie „Hierarchy and its Discontents" (1997) die oftmals paradoxe Akzeptanz und Ablehnung des Kastensystems aus den jeweils individuellen Perspektiven. Er zeigt, wie es in der Eigenwahrnehmung der Newari dazu kommt, dass diese einerseits in der Lage sind, von außen kritisch auf die Strukturen des Kastenwesens zu blicken und andererseits blind sind für die Prozesse, durch die sie selbst zur Reproduktion der bestehenden Ordnung beitragen. Parish widerspricht damit vehement dem in westlichen Wissenschaftsdiskursen häufig zitierten Konstrukt eines *Homo Hierarchicus* (DUMONT 1970), welcher sich kritiklos innerhalb dieses Systems verortet, bzw. die eigenen Privilegien entschieden gegenüber den unter sich Stehenden verteidigt. Vielmehr hält er fest, dass sogar die Unterdrückten ihrerseits Bedürfnisse haben, das System zu festigen, obwohl sie davon nicht direkt profitieren können:

---

[28] Die Newari sind die ethnische Gruppe, die als Uranwohner des Kathmandu-Tals angesehen werden und deren Kultur sich in verschiedener Hinsicht von anderen Ethnien unterscheidet. Eine Besonderheit ist unter anderem das Newari-Kastensystem, welches innerhalb der Ethnie der Newari Kastenabstufungen festlegt, die ihrerseits wiederum in das Gesamt-Kastensystem eingebettet sind.

"Even those oppressed by the dominant order may at times experience the order that oppresses them as fair, as embodying justice, since they, too, wish to believe they live in a moral world. [...] They may conspire with the dominant culture to make the social order that oppresses them appear objective and unalterable, natural and moral – even just. They may join in the process of making their social fate appear deserved." (PARISH 1997, S.8f)

Parish exploriert die vielfältigen Rechtfertigungs- und Relativierungsstrategien der Newari, die dem System zum einen seine hierarchische Struktur und zum anderen seine rigiden Grenzen abzusprechen versuchen:

„This caste system is like our body. If our body did not have eyes, we could not see. If we did not have hands, we could not work. Without ears, we could not hear. In the same way, we need people of all castes in society. If we are to eat meat, the Butcher is necessary. We need the Sweepers to clean. We need the Brahmans to recite religious lessons." (a high caste Newar)

"These days anyone, even a Brahman, will make shoes. The question of caste is finished. While our work is good, we do not want.... When there is no work, there's no money, and then we cannot eat, we want. So whatever the work is, we have to learn it." (an untouchable) (zitiert nach PARISH 1997, S.142)

Parish stellt die These auf, dass es eine Tendenz gibt, je nach eigener Stellung im System, die Hierarchien nach oben hin zu bestreiten und nach unten aufrechtzuerhalten (PARISH 1997, S.46). Diese These ist interessant im Hinblick auf die Frage nach Gründen für die relative Stabilität des komplexen Gefüges einer Unterdrückungsstruktur, die sich nicht zuletzt aufgrund des massiven gegenwärtigen Modernisierungsdiskurses stark im Umbruch befindet.

Mark Liechty argumentiert im Hinblick auf Modernisierungstendenzen, dass die Kastenordnung insbesondere in der Hauptstadt Kathmandu zunehmend irrelevant werde, weil sie von Klassenstrukturen überlagert werde; die Herausbildung einer *middle-class culture* sei als neues soziokulturelles Muster für das urbane Leben von heute bestimmender als das vorher geltende Kastensystem, so eine seiner zentralen Thesen (LIECHTY 2003, S.5). Dies ist insofern offensichtlich, als dass es heute durch ökonomischen Aufstieg durchaus möglich ist, an gesellschaftlichem Ansehen zu gewinnen. Oftmals hebt dieses jedoch die Stigmatisierung einer niedrigen Kastenzugehörigkeit nicht auf. Als Beispiel hierfür erzählt der Direktor von Aarohan die Geschichte der *pode* (Kastenlose des Newari-Kastensystems), die traditionell für das Putzen von Latrinen zuständig sind, eine als "unrein" betrachtete Arbeit, die außer ihnen niemand verrichtet. Da sie im Vergleich zu anderen Gruppen sehr viele Arbeitsmöglichkeiten haben, können sie mit mehreren Jobs sehr gut verdienen und fallen durch ihren verhältnismäßig großen Besitz an Luxusgütern auf; dennoch sind sie der Diskriminierung aufgrund ihrer Kaste ausgesetzt:

> *„Alle haben sie Motorräder! [...] Sie sind ziemlich reich aber ihr Bildungsniveau ist sehr niedrig, weil sie mit 11 oder 12 Jahren die Schule verlassen. Und in der Schule, in der sie waren, hatten sie Probleme, so viele Probleme! Als wir den Workshop dort hatten, haben sie uns davon erzählt [...], sie sind die sogenannte `sehr niedrige Kaste´, Unberührbare... in der Schule haben sie diese Erniedrigung gespürt. Dann hatten sie die Wahl: sie konnten die Schule verlassen und viel Geld verdienen. Also das ist irgendwie ein Weg um Status zu gewinnen."* (Sudeep, Theatergruppenleiter)

Im Kontext dieser Forschung spielt das Thema der Kastenzugehörigkeit immer wieder eine Rolle. Ohne vor Ort explizit danach fragen zu müssen, wurde stets von den Kasten meiner InformantInnen als Teil der Identität berichtet (entweder von ihnen selbst, oder von Dritten). Insbesondere in informellen Gesprächen mit den SchauspielerInnen, welche überwiegend Brahmanen (*Bhahun*) und Chettri (*Kshatriya*) sind, wurde deutlich, wie schwer sich ihr persönlicher Anspruch der Kritik am Kastensystem im eigenen Leben umsetzen lässt[29], was als Indiz dafür betrachtet wird, dass die Kastenordnung auch in der Hauptstadt nicht als überholt bezeichnet werden kann.

---

[29] Für die meisten meiner InformantInnen war es vorauszusehen, dass die Eltern ihnen einen Ehemann oder eine Ehefrau suchen würden, die dann (in den meisten Fällen) aus der selben Kaste sein würden. Das Thema der arrangierten Hochzeit („arranged marriage") versus dem als westlich angesehenen Lebensmodell der „love marriage", durch das man aus den gesellschaftlichen Verhältnissen ausbricht, war eine zentrale Auseinandersetzung für sie. Ein Schauspieler (ein Brahmane) äußerte in diesem Zusammenhang, dass er auf jeden Fall eine Frau aus einer niedrigeren Kaste heiraten wolle, weil er den Habitus seiner eigenen Kaste nicht möge. Er habe zwar noch keine Frau für sich gefunden, diese Entscheidung habe er aber bereits getroffen. Der Akt einer solchen Hochzeit ist für ihn demnach nicht vorwiegend eine emotionale Entscheidung zur freien Partnerinnenwahl, sondern der einzig mögliche Schritt konsequent für sein Ziel der Überwindung der Kastenstruktur einzutreten.

Die patriarchale Geschlechterordnung

Die Historikerin Uma Chakravarti weist auf die Verschränkung und die wechsel-
seitige Beeinflussung der Kasten-, Klassen- und Geschlechterordnung in der nepalesischen Sozialstruktur hin. Als zentraler Kontrollmechanismus für die Reproduktion
dieser Ungleichheiten fungiere dabei die Institution der Ehe. Die Festschreibung von
Endogamie und die Kontrolle weiblicher Sexualität durch die Praxis der arrangierten
Hochzeiten ist entscheidend sowohl für die Kasten- als auch für die Geschlechter-
unterdrückung (CHAKRAVARTI 2003, S.27).

Daran anknüpfend charakterisiert Chakravarti die Struktur in hinduistischen
Gesellschaften als „brahmanical patriarchy"[30] und weist auf die besondere Rolle von
Frauen im Bezug auf den Erhalt der Kasten- und Klassenabgrenzungen hin:

> „…since brahmanical patriarchy is structurally integrated into the caste system
> the distinctive cultural codes for upper and lower caste women in terms of
> marriage and sexuality are also closely linked to the appropriation of the labour
> of the lower castes by the upper castes." (CHAKRAVARTI 2003 S.34f)

Über das System der Mitgift[31], die die einheiratende Ehefrau in die Familie des
Mannes einbringen muss, wird Hochzeit zu einer Kontrollinstitution, bei der Frauen
in Nepal wenig Mitbestimmung und kaum Handlungsspielräume bleiben. Dadurch,
dass die meisten Familien Mitgiftbeträge für ihre Töchter aufbringen, die weit über
ihre Verhältnisse hinausreichen, besteht für die Frauen im Falle einer gescheiterten
Ehe meist keine Möglichkeit, zu ihren Eltern zurückzukehren. Neben der sozialen
Stigmatisierung geschiedener Frauen ist Scheidung auch juristisch für Männer wesentlich leichter durchzusetzen als für Frauen.

In der Ära des Panchayat-Systems (1961-1990) wurde das nepalesische Zivil- und
Familienrecht des *Muluki Ain* weitreichend reformiert. Dieser oftmals als linearer
Fortschritt für die Frauengleichstellung betrachtete Prozess wurde von der Politologin
Seira Tamang (2000, S.127) als eine Verschiebung von „family patriachy" zu „state
patriarchy" bezeichnet. Sie argumentiert, dass die größere staatliche Intervention in
die familiäre Sphäre eine nationale Strategie der Machterweiterung darstellt
(TAMANG 2000, S.152).

---

[30] Das Patriarchat wird hier als die gesellschaftliche Organisationsform männlicher Herrschaft
verstanden.
[31] Die Praxis der Mitgift ist regional sehr unterschiedlich und in Kathmandu und Dharan vergleichsweise wenig verbreitet. In der Terai-Region ist sie einer der größten sozialen Brennpunkte
und die Kachahari-Theatergruppe in der Kleinstadt Janakpur versammelt bei Aufführungen zu
diesem Thema bis zu 2000 ZuschauerInnen.

Der niedrige Status, den Frauen generell in der Gesellschaft haben, spiegelt sich in den Daten über Lebenserwartung (Nepal ist eines der wenigen Länder, in denen Frauen kürzer leben als Männer), Mangelernährung (das Kochen ist zwar Frauenarbeit, die Verteilung des Essens beginnt jedoch bei den Männern und Söhnen, und in vielen Familien bleibt für die Töchter und Mütter nicht mehr ausreichend Essen übrig), der hohen Arbeitsbelastung, dem geringeren Zugang zu Bildung (siehe S.35) und Gesundheitsversorgung sowie in der wenig ausgeprägten politischen Partizipation wider[32]. In den meisten Familien werden Töchter schon von klein auf weniger gefördert als Söhne. Für Töchter ist vorgesehen, dass sie in eine andere Familie einheiraten, während die Söhne später die Versorgung der Eltern übernehmen und sich somit die Investition in ihre Gesundheit und Bildung eher „lohnt" (SUBEDI 1997).

Für diese Forschungsarbeit ist der Gender-Aspekt deshalb zentral, weil er insbesondere für das Themenfeld der Konfliktbearbeitung eine wichtige Dimension für die analytische Betrachtungsweise liefert. Gender soll im Rahmen dieser Studie verstanden werden als ein gesamtgesellschaftliches Netzwerk hierarchisch geregelter gesellschaftlicher Beziehungen, die entlang einer geschlechtlichen Trennlinie sozial verortet sind (vgl. KREISKY/SAUER 1995). Als netzwerkartiges Regelwert durchdringt Gender alle Bereiche des sozialen Lebens, wobei sich dies je nach kultureller Prägung unterschiedlich gestaltet. Zum einen wird das Geschlechterverhältnis als ein strukturelles Herrschaftsverhältnis betrachtet. Andererseits bezieht diese Analyse die auf individueller Ebene wirkenden geschlechtsspezifische Sozialisationsprozesse ein.

In dieser empirischen Untersuchung ist das Thema der hierarchischen Geschlechterordnung und der geschlechtsspezifischen Rollenzuschreibungen stark präsent gewesen. Zum einen hatten die Schauspielerinnen erhebliche Schwierigkeiten, bei ihren Familien die Erlaubnis für das Theaterspielen zu erhalten, da dies zu freizügiges Handeln nach sich ziehen und ein schlechtes Licht auf sie und die Familie werfen könnte.[33] Generell waren sie sich weitgehend einig, dass eine Frau, die Theater spielt, später Schwierigkeiten haben werde einen Mann zu finden, der dies auch nach der Eheschließung noch akzeptiert. Zum anderen beinhalteten alle Stücke als Kernstück

---

[32] Insgesamt betrachtet spiegelt sich die geschlechtsspezifische Ungleichheit Nepals in dem niedrigen Gender-related Development Index (GDI) wider, der mit 0,484 den Platz 140 (von 177 aufgelisteten Ländern) in der internationalen Rangabfolge besetzt (NHDR 2002).
[33] In beiden Theatergruppen gab es nur 2 bzw. 3 Frauen (bei insgesamt etwa 12 SchauspielerInnen) und die Direktoren hatten große Schwierigkeiten, mehr Frauen für ihre Arbeit zu gewinnen.

die Ehe bzw. die Kleinfamilie und die in ihr herrschenden Machtverhältnisse, obwohl die hier etablierten Rollen nicht immer für die explizite Bearbeitung im Forumtheater thematisiert wurden. Ausgehend von der Institution Familie, als eine Instanz mit relativ festgelegten hierarchischen Rollen, entwickelten sich die verschiedenen Konfliktthemen im Verlauf der Szenen. Aufgrund der stark getrennten Arbeitsteilung zwischen Männern und Frauen wird deutlich, wie jedes der einzelnen Problemfelder geschlechtsspezifische Auswirkungen hat und dass je nach Schwerpunktsetzung der Szenen sich eher ein weibliches oder eher ein männliches Publikum davon angesprochen fühlte.

Interessant im Bezug auf den Begriff „gender" ist die Tatsache, dass einige InformantInnen jene Kachahari-Stücke, die das Thema der häuslichen Gewalt gegen Frauen zum Inhalt hatten, als *gender*-Stücke bezeichneten, während andere Stücke gleichen Inhalts als „*raksi*"-Stücke (*raksi* = selbstgebrannter Schnaps) benannt wurden. Auffällig ist in diesem Zusammenhang zum einen, dass das Problem der physischen Gewalt gegen Frauen oftmals auf das Alkohol-Problem von Männern reduziert wird und nicht als Ausdruck einer patriarchalen Gesellschaftsstruktur verstanden wird. Zudem muss der Begriff „gender" für Menschen, die die englische Bezeichnung nicht kennen, interpretierend ins Nepalesische übersetzt werden. Dabei kommt es meist zu einer Auflistung von sehr konkreten Beziehungskonstellationen, die mit geschlechtsspezifischer Unterdrückung verbunden sind. So wurde „gender" oftmals erklärt als Problematik und die Unterschiede zwischen Ehemann und Ehefrau, zwischen Ehefrau und Schwiegermutter, zwischen Töchtern, die nicht zu Schule dürfen, und deren Brüdern etc. Diese Darstellung reduziert die analytische Gender-Kategorie, welche strukturelle Ebenen erfasst und sich explizit von biologischen Erklärungen abgrenzt, auf konkrete Beziehungen und Situationen der Benachteiligung, in denen Frauen in der nepalesischen Gesellschaft leben müssen.

3.3. Entwicklung in Nepal als `Colonialisation of Minds´

Als eines der ärmsten Länder der Welt ist Nepal Empfängerland zahlreicher Entwicklungsgelder[34] und steht dadurch seit Beginn der 1950er Jahre unter zunehmend
großem Einfluss von internationalen Organisationen. Ohne im Rahmen dieser Studie
auf politische und ökonomische Aspekte dieses Abhängigkeitsverhältnisses näher
eingehen zu können, wird im folgenden die von postkolonialen Theorien beleuchtete
kulturelle Dimension dieser Prägung hervorgehoben. Als einer der berühmtesten
Vertreter beschreibt Frantz Fanon die kulturelle Unterwerfung als entscheidenden
Moment von Kolonialisierung:

> „Every effort is made to bring the colonized person to admit the inferiority of his
> culture which has been transformed into instinctive patterns of behaviour, to
> recognize the unreality of his `nation´ and, in the last extreme, the confused and
> imperfect character of his own biological structure" (FANON 1963, S.236f).

Der Anthropologe Edward W. Said argumentiert, dass diese ideologische Unterordnung tiefe Wurzeln schlägt und noch lange nach der formalen De-Kolonialisierung
am Leben erhalten bleibt:

> „Westerners may have physically left their old colonies in Africa and Asia, but
> they retain them not only as markets but also as locals on the ideological map
> over which they continue to rule morally and intellectually." (SAID 1993, S.25)

Für den nepalesischen Kontext stellt Nanda Shrestha (1999) ausführlich die
„Colonialisation of Minds" dar, die sich seiner Ansicht nach am stärksten durch die
Einflüsse der Entwicklungspolitik seit 1950 vollzogen hat[35]. In Bezugnahme auf
seine eigene Kindheit beschreibt er anschaulich, wie die Diskurse über *bikaas*[36]
(Nepali: Entwicklung) in das Leben auf dem Land eindrangen, gesellschaftliche
Werte veränderten und „Minderwertigkeitskomplexe" etablierten. Seine Argumen-
tationslinie geht von der These aus, dass in den nepalesischen Dörfern der 50er Jahre
das Bewusstsein über die eigene Armut existierte, diese jedoch nicht als „Unterent-
wicklung", im Sinne eines *Mangels* an richtigem Bewusstsein, an Lebensqualität und

---

[34] Als Folge der sich verschlechternden Sicherheitslage und dem Scheitern der Demokratie-
bestrebungen haben sich jedoch in den letzten Jahren zunehmend viele Entwicklungsorganisationen
aus Nepal, insbesondere aus den ruralen Gebieten, zurückgezogen.

[35] Nepal ist formal gesehen nicht kolonialisiert worden, wobei es angesichts seiner großen
politischen und ökonomischen Abhängigkeit von Indien oftmals als „Semi-Kolonie" bezeichnet
wurde.

[36] Nepalesische Ausdrücke und Begriffe werden von mir grundsätzlich in der lateinischen
Lautschrift des Devanagari-Alphabets wiedergegeben. Aus diesem Grunde kann es zu Abweich-
ungen von der Schreibweise anderer AutorInnen in Zitaten kommen, die die Wörter zum Teil an die
englische Aussprache angleichen und lange Vokale und retroflexe Konsonanten nicht wiedergeben.

an materiellem Wohlstand wahrgenommen wurde. Der von außen kommende Diskurs über Entwicklung bewirkte, so Shrestha, neue Wertungen bei den NepalesInnen:

> „[...] in 1951, the word *bikas* began to gain currency as one of the most commonly used terms in the Nepali vocabulary. A status divide was erected along the *bikas* line between *bikasi* and *abikasi*. Those who had acquired some knowledge of so-called modern science and technology identified themselves as *bikasis* (developed), supposedly with a "modern" outlook, and the rest as *abikasit* or *pakhe* (uncivilized or backward)." (SHRESTHA 1999, S.45)

Durch die implizite Abwertung traditionellen Wissens und Lebensweisen wurden Menschen ohne Schul- und damit *bikaas*-Bildung als gesellschaftliche Entwicklungsbarrieren konstruiert und Spannungen zwischen modernem und traditionellem Leben aufgebaut. Diese neue soziale Kategorie wird, so die Anthropologin Stancy Leigh Pigg, im Gegensatz zu Kategorien wie Kaste, Ethnie, Klasse und Geschlecht nach räumlichen Kriterien gezogen, so dass „villagers" als „people who don't understand" repräsentiert werden (PIGG 1992 und 1996). Pigg argumentiert, dass sich durch diese ideologischen Klassifizierungen hegemoniale soziale Karten (social maps) ergeben, die die nepalesische Gesellschaft neu strukturieren:

> „The ideology of modernization becomes hegemonic to the extent that the social map it draws serves as a guide in orienting people in all sectors of Nepalese society" (PIGG 1992, S.511).

Diese diskursive Ordnung ist jedoch paradox in der Hinsicht, dass Dörfer einerseits als statisch und rückständig an der Peripherie verortet werden und andererseits ihre Entwicklung und ihre Modernisierung propagiert wird. Pigg analysiert dabei, ähnlich wie Parish im Bezug auf die Kastenordnung, wie es dazu kommt, dass diese Matrix selbst für DorfbewohnerInnen reizvoll ist, obwohl sie keinerlei Raum für ihre Subjektivität lässt.[37]

Daran anschließend geht der Anthropologe Tatsuro Fujikura (2001) auf die enorme Wirkungsmacht von Diskursen zu „awareness" in Nepal ein und bewertet die Aussage einer Analphabetin als charakteristischen Umgang mit der Selbstverortung im „unterentwickelten" Raum:

> „I didn't know anything before the NGO people came and talked to us. I still don't know much, but at least now I know I must learn. I am trying whatever I can and trying whatever small things that I can do to improve our conditions." (FUJIKURA 2001, S.275)

---

[37] Hierfür untersucht sie die Repräsentation von nationaler Identität und nepalesischem Dorfleben in Schulbüchern und geht auf Aussagen von DorfbewohnerInnen ein, die sich mit eigenen Worten zu ihrem „awareness"-Zustand äußern.

Interessant daran ist insbesondere die innere Abgrenzung der Frau von ihrem Selbst, das noch „nichts" wusste zu einem angestrebten Selbst, welches sich und die lokalen Lebensbedingungen „bessern" möchte. Wissen und Entwicklung wird hier somit als ein von außen angestoßenes, per se positives Moment der linearen Verbesserung betrachtet, dem man sich nicht widersetzen sollte.

Pigg identifiziert in ihren Studien die Gruppe der `cosmopolitan villagers´, die sich selbst und ihren Bewusstseinsstand von dem der `generic villagers´ abgrenzen und sich selbst auf die Seite von Entwicklung (*bikaas*) stellen (FUJIKURA 2001, S.298f).

Für die vorliegende Studie sind diese Diskurse um Entwicklung einerseits zentral, weil die überwiegende Zahl der SchauspielerInnen und ZuschauerInnen selbst aus so genannten „unterentwickelten" ländlichen Gegenden kommend in die Stadt migriert ist, und somit die Erfahrung der Abwertung der eigenen Herkunft gemacht hat. Andererseits befasst sich die Theaterarbeit mit dem Thema *social change*, das im Alltagsverständnis oftmals mit *bikaas* gleichgesetzt wird. Die SchauspielerInnen versuchen zwar sich von dem von ihnen als kolonialisierend wahrgenommen Verständnis von *bikaas* zu distanzieren, andererseits sind auch sie nicht frei von der diskursiven Prägung zu diesem Thema, die sie nicht zuletzt über ihre Schulbildung erhalten haben.

4. Methodisches Vorgehen

Aufgrund der Auseinandersetzung mit den im vorangehenden Abschnitt dargestellten soziokulturellen Hintergründen von Konflikten und diskursiven Ordnungen in Nepal wählte ich einen offenen qualitativ-ethnographischen Zugang, um damit der Komplexität des Feldes gerecht werden zu können. Die teilnehmende Beobachtung ist der methodische Fokus, wobei darauf aufbauend ethnographische und leitfadengestützten Interviews geführt wurden. Der Ethnograph James P. Spradley betont, dass es das Ziel einer Ethnographie ist, die Deutungsmuster der Menschen offen zu legen und sich einen inneren Einblick zu verschaffen, durch den man die Kultur nicht von außen, sondern tatsächlich von innen beleuchtet:

> "the traditional ethnographer, while knowing a great deal *about* other cultures, often did not have systematic training in how to make original discoveries from the people themselves." (SPRADLEY 1980, S.175f)

Dies kann erreicht werden, indem man sich möglichst offen auf die Feldforschung einlässt und *während* des Prozesses herausfindet, welche Art von Fragen für die Menschen von Bedeutung sein könnten, bzw. wie man auf die Dinge stoßen kann, die von der Innen-Perspektive aus als selbstverständlich wahrgenommen werden (SPRADLEY 1980, S.32).

Die Studie wurde inspiriert durch das Kulturverständnis von Clifford James Geertz, der Kultur als ein „historisch überliefertes System von Bedeutungen" definiert, das kontinuierlich von Menschen hervorgebracht wird und in „symbolischen Formen" kodiert ist, welche wiederum Informationen über die Art, die Erhaltung und die Entwicklung von Wissen und der „Einstellungen zum Leben" enthalten (GEERTZ 1994, S.46). Geertz unterscheidet zwischen *Kultur* und *sozialer Struktur* indem er Kultur als „geordnetes System von Bedeutungen und Symbolen", durch das soziale Interaktion ermöglicht wird und soziale Strukturen als „das soziale Interaktionssystem selbst" versteht:

> „Kultur und Sozialstruktur [sind] daher nur verschiedene Abstraktionen der gleichen Phänomene: die eine hat mit sozialem Handeln unter dem Aspekt seiner Bedeutung für die Handelnden zu tun, die andere mit eben diesem Handeln unter dem Gesichtspunkt seines Beitrags zum Funktionieren eines sozialen Systems." (GEERTZ 1994, S.99)

In diesem Kontext verstehe ich mein Forschungsfeld des Forumtheaters in Nepal als einen Rahmen, in dem kulturelle Bedeutungen und Symbole von großer Wichtigkeit für die Analyse gesellschaftlicher Strukturen sind, in dem es jedoch nicht möglich sein kann „die nepalesische Kultur" als eine feststehende Instanz zu betrachten. So sind es weniger erklärende Gesetzmäßigkeiten, die ins Zentrum der Analyse gerückt werden, sondern vielmehr eine interpretierende Beschreibung des kulturell geprägten Feldes der theatralischen Konfliktbearbeitung.

Die besondere Herausforderung des ethnographischen Arbeitens liegt darin, dass man bei der Suche nach Bedeutungen stets mit den Dimension von Wissen und Macht im Sinne von Definitionsmacht konfrontiert wird. In diesem Bereich liegt jedoch auch die Stärke einer Ethnographie, da sie im Gegensatz zu anderen empirischen Herangehensweisen in der Lage ist, diesen Kampf um Bedeutungen und Formen von Lebensweisen und Werte anzuerkennen und in die Forschung einfließen zu lassen:

> "Indeed its strength lies in fully acknowledging the 'battlefields' of knowledge and power wherein a multiplicity of actors engage in struggles over the meanings and practicalities of livelihoods, values and organising processes." (ARCE/LONG 2000, S.8)

Im Rahmen dieser Forschung ist es wichtig gewesen sich einerseits der Innenansicht des Feldes anzunähern und die Bedeutungszusammenhänge darin zu ergründen und andererseits die Machtverhältnisse, die durch die eigene Präsenz entstehen, zu reflektieren und mit einfließen zu lassen (siehe S.57-59).

4.1. Feldforschungsprozess

Mit Hilfe des methodischen Verfahrens der „Development Research Sequenz" (DRS) von Spradley (1980) bin ich bei meinem Aufenthalt im Feld in chronologisch auf-einander folgenden Forschungsphasen vorgegangen. Im Gegensatz zu vielen anderen Methodenabhandlungen zur ethnographischen Forschung liefert Spradley eine klare Anleitung für die durchaus umstrittene Methode der teilnehmenden Beobachtung[38], durch die es gelingt, sich sukzessive dem ausgewählten Themenfeld anzunähern und die relevanten Fragen für die InformantInnen zu entwickeln. Hierbei geht es um schrittweise Konzeption des Forschungsablaufes von der Auswahl einer geeigneten

---

[38] Kritisiert wird maßgeblich die fehlende Überprüfbarkeit und die mangelnde Repräsentativität der Methode und ihre aufgrund der großen Realitätsnähe oftmals unsystematischen Herangehensweise; von Vorteil ist die teilnehmende Beobachtung jedoch dort, wo die systematische Forschung an ihre Grenzen stößt, wie z.B. durch die Grenzen sprachlicher Erfassung, die Grenzen systematischer Beobachtung und die Grenzen von Theorie (siehe SPITTLER 2001).

sozialen Situation (1), der teilnehmenden Beobachtung (2), dem Schreiben ethnographischer Notizen (3), der deskriptiven Beobachtung (4), dem Erstellen einer Domänenanalyse (5), der fokussierten Beobachtung (6), der taxonomischen Analyse (7), der Vertiefung durch ausgewählte Beobachtungen und ethnographische Interviews (8), der Anfertigung von Komponentenanalysen (9), der Entdeckung kultureller Themen (10), der Auflistung einer kulturellen Inventur (Cultural Inventory) (11) bis hin zum Prozess des Schreibens einer Ethnographie (12).

In Anlehnung an diesen Ablauf wurde zunächst die Aufführung des Forumtheaters von dem Moment der Anreise der Theatergruppe über die szenische Präsentation, die Bearbeitung der präsentierten Konflikte mit dem Publikum, bis hin zur Abreise der Gruppe als die *soziale Situation* definiert, welche Gegenstand der teilnehmenden Beobachtungen und repräsentativ für das Forschungsinteresse ist. Die Entscheidung die Theatergruppe Aarohan in Kathmandu zu begleiten hing damit zusammen, dass Aarohan im Jahr 2001 die erste Gruppe in Nepal war, die begonnen hatte die Methode des Forumtheaters anzuwenden und am meisten öffentliche Auftritte organisierte. Zusätzlich habe ich durch einen intensiven Feldaufenthalt in Dharan, einer Kleinstadt im Osten des Landes, Aktivitäten der Theatergruppe *Srishti Natya Samuha* beobachtet, welche eine von fünf Laien-Theatergruppen ist, die von Aarohan bereits 2001 methodisches Training bekommen hatte und nun eigenständig arbeitet (siehe S.65-66).

Um möglichst nahe an die Lebenswelt der SchauspielerInnen heranzukommen, habe ich viel Zeit in dem Theaterzentrum *Gurukul* in Kathmandu verbracht, dem Wohn- und Ausbildungsort der SchauspielerInnen und dem Ort, an dem regelmäßig Bühnentheater und kulturelle Veranstaltungen für die nepalesische Mittelschicht stattfinden[39]. Neben den Tagebuchaufzeichnungen zu meinen teilnehmenden Beobachtungen

---

[39] Da ich die Erfahrung gemacht habe, dass es in Nepal als unhöflich und aufdringlich bewertet wird, wenn man als WestlerIn zu schnell und direkt das eigene Interesse und Anliegen formuliert und einfordert, kam ich in den ersten Wochen oftmals nur zum gemeinsamen Teetrinken und Beisammensitzen, geduldig wartend darauf, dass sich dabei gelegentlich informelle Gespräche entwickelten über Familie/Herkunft, frühere Theateraktivitäten, Konfliktthemen in Nepal, die aktuelle politische Situation usw., ohne jedoch offensiv als aktiv Fragenformulierende zu meinem Forschungsgebiet aufzutreten. Diese anfänglich Zurückhaltung, die sich mir angesichts meiner enormen Wissbegierde, der oftmals auftretenden Sprachbarrieren und der vielen mir unverständlichen Details, als große Herausforderung darstellte, hat sich im weiteren Verlauf meines Forschens als sehr positiv erwiesen. Immer wieder habe ich von meinen InformantInnen gespiegelt bekommen, dass sie diesen Wesenszug an mir sehr schätzen, mein Interesse dadurch als echt und ehrlich empfanden und mich dadurch mehr als Teil ihrer Arbeit sahen und tiefer ins Vertrauen zogen. Wichtig war in diesem Zusammenhang auch das Wahrnehmen von persönlichen Einladungen zu

wurden auch viele dieser informellen Begegnungen und ersten Eindrücke schriftlich festgehalten.

Aus den Feldtagebucheinträgen zu den teilnehmenden Beobachtungen, sowie aus daran anknüpfenden informellen Gesprächen über frühere Auftritte und die jeweiligen Darstellungen verschiedener sozialer Konflikte, erarbeitete ich während des Aufenthaltes in Nepal eine Domänenanalyse als eine Art Bestandsaufnahme der für das Forumtheater relevanten Sphären der Analyse (vgl. SPRADLEY 1980, S.85-99). Neben den unterschiedlichen Konfliktdomänen (Arten der gespielten Konflikte, Konflikte, die sich aus der Theatersituation ergeben), die ich schwerpunktmäßig herausgearbeitet habe, konnte ich hierbei Akteurs-Domänen (Arten von SchauspielerInnen, ZuschauerInnen, Joker), die Domänen des Ablaufs (Arten der Versammlung des Publikums, gespielte Rollen, Eingangsszenen, Szenenabfolge, Vorschläge, Verlauf des Theaters durch die Partizipation des Publikums) und die Domänen der Auftrittsorte und der Lerneffekte für die SchauspielerInnen klassifizieren. Diese systematische Darstellung der Kachahari-Domänen bildete die Grundlage für den weiteren Forschungsablauf. Im Anschluss entschied ich mich für fokussierte Beobachtungen der Darstellung von Unterdrücker- und Unterdrückten-Rollen, sowie der Interaktion des Jokers mit dem Publikum und fragte in den ethnographischen und leitfadengestützten Interviews mit SchauspielerInnen und Zuschauerinnen[40] nach der Art und Weise, wie sie das Kachahari und die darin gespielten Konflikte wahrnehmen. Für letztere Frage habe ich ergänzend mit einem Set von etwa 15 Karten gearbeitet, auf welchen die jeweiligen Konfliktthemen standen, die als Bezeichnungen für die Kachahari-Stücke von der Gruppe selbst verwendet werden. Im informellen Zweiergesprächen habe ich vier SchauspielerInnen von Aarohan gebeten, diese Karten zu ordnen und in mehreren Schritten Beziehungen, Zusammenhänge und Unterschiede zwischen den einzelnen Themen zu erklären. Diese Methode erwies sich als sehr hilfreich, um einen Zugang zur analytischen Reichweite des Konfliktverständnisses der SchauspielerInnen zu bekommen und die Diskrepanzen zu den von mir gesehenen und z.T. auch erwarteten Zusammenhängen zu erkennen.

Festen, die in der Theaterschule gefeiert wurden (Geburtstage, religiöse Feiern, Hochzeiten, ein Bühnen-Theaterfestival), die sich mir als Möglichkeit boten, tiefer in die kulturelle Umgebung einzutauchen und mich auch von Themen, die nicht unmittelbar im Zusammenhang mit dem Forumtheater stehen inspirieren zu lassen.

[40] Da ich bei meinen Interviews mit dem Publikum abgesehen von einem Ehemann, der während eines Interviews dazu kam und mitredete, ausschließlich Frauen befragt habe, verwende ich die weibliche Form des Plurals.

In den leitfadengestützten Interviews spielte außerdem die Frage nach dem eigenen Konflikterleben der Zuschauerinnen eine wichtige Rolle, sowie die Verbindung, die sie zur Theaterarbeit ziehen. Die SchauspielerInnen befragte ich zu ihrer persönlichen Motivation für das Theaterengagement, sowie zu den eigenen Erfahrungen mit den gespielten Konflikten und zu den Anstößen, die ihnen das Theaterspielen für ihr eigenes Leben gegeben hatte. Dieses in seinem Umfang sehr heterogene Material ergibt einen tiefen Einblick in die verschiedenen Perspektiven, die für das umfassende Verständnis der sozialen Situation des Kachahari-Theaters von Bedeutung sind.

4.2. Datenbasis und Schwerpunkte der Auswertung

Während des Forschungsaufenthaltes habe ich acht Forum-Theateraufführungen beobachtet zu den Themen: Häusliche Gewalt gegen Frauen, Alkoholabhängigkeit, Drogenmissbrauch, Korruption, Ausbeutung am Arbeitsplatz, Schulprobleme und Hygiene, wovon sechs in Kathmandu und zwei in der Kleinstadt Dharan stattfanden. Davon habe ich vier Auftritte ausführlich mit Transkriptionen und Gedächtnisprotokollen, Tonbändern und Fotos festgehalten, welche nun den Kern dieser Studie bilden. Die weiteren vier sind unterschiedlich ausführlich durch Tonbänder, Feldtagebuchaufzeichnungen, Fotos und Skizzen dokumentiert worden.

Zur Auswertung liegen außerdem zwei Experteninterviews mit den jeweiligen Theaterdirektoren, sieben Interviews mit SchauspielerInnen (einschließlich der vier Gespräche zur Einordnung von Konfliktkarten), fünf Interviews mit Zuschauerinnen (davon ein Gruppeninterview mit vier Frauen) und zahlreiche kürzere informelle Gespräche mit SchauspielerInnen zu den Themen Konflikte, Kasten, Gender, persönliche Erfahrungen, Zukunftsgedanken etc. vor. Die Interviews verliefen in Zeiträumen von 20 bis 90 Minuten und waren alle auf Nepali, bis auf eines der Experteninterviews, welches in englischer Sprache stattfand. Während die informellen Gespräche in Kathmandu ohne Übersetzer stattfanden und von mir selbst in Englisch festgehalten wurden, habe ich die meisten formalen Interviews entweder im Beisein eines Übersetzers geführt und verschriftlicht oder auf Band aufgezeichnet und im Nachhinein auf Englisch übersetzen und transkribieren lassen.

Die Analyse erarbeite ich schwerpunktmäßig anhand der Transkripte von vier Fallbeispielen. Durch dieses Vorgehen wird zunächst einen detaillierten Einblick in den

Ablauf der Auftritte gewährt um dann punktuell darüber hinausgehendes Material (ethnographische und leitfadengestützte Interviews, informelle Gespräche, Feldtagebucheinträge) mit einzubeziehen. Die Auswahl der Kachahari-Fallbeispiele erfolgt einerseits aus der Erwägung, jene Stücke genauer zu betrachten, für die das ausführlichste Datenmaterial zusammengetragen wurde und andererseits aus der Überlegung, einen umfassenden Einblick in verschiedene Konfliktfelder (siehe S.66-70) zu geben. Einer der Auftritte fand in einer *sukhumbaasi*-Siedlung (dt.: Landlosensiedlung)[41] in Dharan statt, in der am nächsten Tag ausführliche Publikumsinterviews im Beisein eines Übersetzers geführt wurden. Die anderen drei Stücke wurden in Kathmandu aufgeführt. Als Auftrittsorte wurden zweimal *sukhumbaasi*-Gemeinschaften und einmal ein öffentlicher Platz vor einem Regierungsgebäude gewählt, wodurch die Zusammensetzung des Publikums stark variierte.

Anhand der Fallbeispiele zeige ich, wie Unterdrückerrollen dargestellt werden, welche zentralen inhaltlichen und methodischen Stilmittel angewandt werden und wie die Interaktion des Publikums mit dem Joker abläuft. Darüber hinaus werden unter Berücksichtigung des gesamten Materials und unter Anwendung des in 4.1. beschrieben Vorgehens von Spradley *kulturelle Themen* herausgearbeitet. Es handelt sich hierbei um jene Grundmuster in Wahrnehmung und Aktivitäten, die das Datenmaterial durchziehen und kulturelle Ausdrücke zu sein scheinen. Die kulturellen Themen können als Gegendiskurse zu den bereits vorgestellten zentralen soziokultureller Prägungen Nepals verstanden werden. Zum einen wird hierbei der Wunsch behandelt, fatalistische Grundansichten des Publikums im Theaterprozess abzubauen, was z.B. durch das Verwischen der Grenzen zwischen Theater und Realität geschieht. Zum anderen geht es um das verbreitete Bedürfnis nach Harmonie, welches den gesamten Prozess der theatralischen Konfliktbearbeitung prägt. Außerdem wird der Einfluss von entwicklungspolitischen Diskursen betrachtet, der sich im Verhältnis zwischen Schauspielenden und Zuschauenden widerspiegelt, sowie das Auftreten von möglichen Macht- und Herrschaftsverhältnissen in der Interaktion des Jokers mit dem Publikum.

---

[41] Der Begriff *sukhumbaasi* (Landlosensiedlung) bezieht sich auf die nicht bestehenden Besitzansprüche der Menschen auf das besiedelte Land, auf dem sie sich ihre Hütten und Häuser bauen. Im Englischen wird *sukhumbaasi* jedoch meist mit „Slum" übersetzt und erhält dadurch im Alltagsverständnis den wertendenden Beiklang eines heruntergekommenen Stadtteils mit schlechter Bausubstanz und geringer oder gar nicht bestehender städtischer Infrastruktur. In der vorliegenden Studie werde ich die drei Bezeichnungen `sukhumbaasi`, `Landlosensiedlung` und `Slum` synonym verwenden.

4.3. Exkurs: Meine Rolle im Feld und im Forschungsprozess

Während des Forschungsprozesses war ich stets mit meiner Rolle als außenstehende, weiße, unverheiratete Europäerin mit akademischem Hintergrund konfrontiert. Trotz oder gerade wegen meines Zugangs zur Landessprache wurde mir in etlichen alltäglichen Begegnungen mein „Fremdsein" bewusst. So verging kaum ein Tag an dem ich nicht gefragt wurde, wann ich denn heiraten würde und ob es denn nötig sei, mir einen Mann zu suchen, den ich dann arrangiert heiraten könne. Das Bild einer jungen Frau, die sich alleine in der Welt bewegt, löst Verunsicherung und Besorgnis, teilweise aber auch Bewunderung und Ehrfurcht aus. So wurde ich mitunter vielfach auf die Schönheit meiner hellen Hautfarbe und die Breite meines Wissens über die Welt angesprochen, und mir wurde stets sehr große Freundlichkeit entgegengebracht. Dies ist für mich einerseits ein Indiz für den von Shrestha beschriebenen Minderwertigkeitskomplex gegenüber dem Westen und andererseits dafür, dass mein Weiß-Sein Ausdruck gewisser Privilegien ist, die das Produkt einer kolonialen Geschichte, ihrer Rassismen und ökonomischer Ausbeutung sind[42]. Unabhängig von dem wie ich mich selbst darstellte, wurde ich stets wahrgenommen als potentielle Quelle für Entwicklungsgelder, als Tochter aus reichem Hause und als gebildete Respektsperson, die die Antworten auf viele Fragen bereits gefunden habe.

An verschiedenen Stellen hatte diese Außenwirkung direkte Konsequenzen für den Forschungsprozess. Neben der Tatsache, dass mir auf Grund meiner „kulturellen Brille" der Einblick in den nepalesischen Kontext sicherlich nur bedingt gelingen kann, sind auch die konkreten Begegnungen vor Ort unter dem Aspekt meiner Position als Außenseiterin zu betrachten.

Einerseits gab es oftmals Situationen, in denen mir Zuschauerinnen und auch SchauspielerInnen sagten, dass sie ja `gar nichts´ wüssten und mir folglich auch nichts Neues erzählen könnten; sie sagten, sie seien ungebildet und insofern könnten sie mir mit meinen Fragen nicht weiterhelfen. Es gestaltete sich als enorme Herausforderung, diese Barrieren zu überwinden, indem ich gezielte Eisbrecherfragen (meist über Familienangehörige, die eigene Herkunft, Biographie etc.) zu Beginn der Konversation platzierte, um den InterviewpartnerInnen damit langsam zu etwas mehr Selbstvertrauen mir gegenüber zu verhelfen und ihnen aufzuzeigen, dass ich ausschließlich

---

[42] Hierbei beziehe ich mich auf die von Ruth Frankenberg definierte Position von „Weiß-Sein" als „Position struktureller Vorteile", die von Dominanz geprägt sind. Frankenberg regt durch ihre Fokussierung auf das Weiß-Sein einen Paradigmenwechsel in der Rassismustheorie und in den feministischen Debatten zu Rassismus an, der mich in meiner Selbstreflexion begleitete (FRANKENBERG 1995, S.56).

Dinge von ihnen wissen wollte, die sie tatsächlich eigenständig formulieren können. Einige der InterviewpartnerInnen hatten nach den Gesprächen eine Art „Aha-Effekt", wo sie selbst noch einmal beeindruckt davon waren, was sie mir zuvor erzählt hatten.[43]

Andererseits gab es Situationen, in denen die SchauspielerInnen ganz besonders geglückte Auftritte präsentieren wollten, um mir als *baahirako manchhe* (Nepali: von außen kommende Person) einen guten Eindruck von ihrer Arbeit zu vermitteln, da sie es als Pflicht der guten Gastfreundschaft betrachteten. So kam es trotz meines wiederholten Protestes vor, dass Auftritte letztendlich *wegen mir* stattfanden, obwohl sie einigen SchauspielerInnen oder ZuschauerInnen zeitlich oder örtlich nicht sehr gelegen kamen.

Zum unmittelbaren Konflikt wurde meine Außenwirkung, als ich von der Theatergruppe *Srishti Natya Samuha* in Dharan eingeladen wurde, sie in eine nahegelegene Slumsiedlung zu begleiten, um dort mehr über die Probleme der Menschen zu erfahren, die dann am nächsten Tag theatralisch inszeniert und mit dem Publikum bearbeitet werden sollten. Die BewohnerInnen reagierten mit größter Skepsis und Ablehnung, und die meisten waren kaum gewillt, mit uns zu sprechen. Schließlich machte sich eine Frau ihrem Ärger Luft und sagte, dass sie schon wüsste, dass ich von einer dieser großen internationalen Entwicklungsorganisationen (INGOs) kommen würde und dass Srishti bestimmt eine Menge Geld bekommen würde, wenn sie mir ihr Elend präsentieren würden. Die Gemeinschaft war sich jedoch darin einig, dass sie dies nicht zulassen würden und trotz langer Diskussionen und Beschwichtigungsversuchen seitens der TheaterspielerInnen wurden wir letztlich aus der Siedlung verwiesen und der geplante Auftritt für den nächsten Tag fand nicht statt (siehe S.117-119).

Jenseits der Schwierigkeiten, die meine Rolle direkt im Feld mit sich brachte, ist auch die spätere Analyse meiner Daten und deren wissenschaftlichen Aufbereitung ein Prozess, der von Machtverhältnissen durchzogen ist und der mich in meiner Rolle als

---

[43] Die Schauspielerin Laxmi wollte daraufhin das gesamte Tonband noch einmal abhören, weil sie nach dem Interview überrascht feststellen musste, dass sie zum ersten mal die Frage, in wieweit die Konfliktarbeit mit Theater sich auf ihre persönlichen Konflikte auswirkt, reflektiert hatte. Völlig beeindruckt über das, was sie selbst gerade formuliert hatte und über das, was ihr selbst dadurch klar geworden waren, wollte sie noch einmal genau hören, ob sie alles „richtig" beantwortet habe. Nachdem sie mit einem breiten Grinsen das ganze Band noch einmal ablaufen lassen hatte, nickte sie freudig erleichtert und bestätigte mir, dass alles richtig gewesen wäre.

weiße, akademische Forscherin in eine Verantwortung zieht. Westliche AutorInnen haben seit jeher den Orient in dualistisch geprägter Vorstellung als sprachloses Objekt behandelt und dem Westen untergeordnet, indem sie ihn als emotional, leidenschaftlich, weiblich und irrational konstruiert und damit diskursiv abgewertet haben (siehe SAID 1985 nach BULBECK 1998, S.46). Dadurch wurde die Überlegenheit westlicher Werte betont und die Unterordnung von lokalen Technologien, lokalem Wissen und Praxen legitimiert (BULBECK 1998, S.47). In diesem Zusammenhang haben mich die Debatten des postkolonialen Feminismus geprägt, die insbesondere die Konstruktion einer „Dritte-Welt-Frau", die als eine arme, machtlose, verletzliche Person, der die westliche Frau als moderne, gebildete und sexuell befreite Frau entgegensteht, kritisieren (siehe MOHANTY 1997). Die Auseinandersetzung mit meinen eigenen Bildern, Vorurteilen und Werten, damit, welche Bilder ich durch diese Studie kreiere und ob ich den Menschen, denen ich begegnet bin, damit gerecht werden kann, begleitete mich in meinem Forschungsprozess und stellt sich mir als ein bedeutendes Spannungsfeld bei der Formulierung dar.

4.4. Exkurs: Sprachbarrieren und Arbeiten mit und ohne Übersetzer

Neben den bereits ausgeführten Barrieren, die sich im Forschungsvorhaben stellten, war die der Sprache sehr zentral. In Nepal werden 45 verschiedene Sprachen gesprochen und nur für 48,6% der Bevölkerung ist Nepali die Muttersprache[44]. Da Nepal nicht wie Indien von Großbritannien kolonialisiert wurde, ist Englisch nicht in gleichem Maße verbreitet. Dennoch sprechen in Kathmandu viele Menschen Englisch, jedoch sind dies meist Angehörige der Mittel- und Oberschichten (meist junge Männer aus höheren Kasten), die das Privileg haben, auf Privatschulen guten Unterricht zu bekommen, oder diejenigen, die im Tourismusbereich arbeiten und sich den dafür nötigen Wortschatz aneignen.

In den beiden Theatergruppen, deren Mitglieder durchwegs aus höheren Kasten mit mittleren bis hohen (meist staatlichen) Bildungsabschlüssen kommen, waren die Englischkenntnisse sehr heterogen ausgeprägt (von gut bis nicht vorhanden), wobei sie ausnahmslos Nepali als Muttersprache hatten. Mit dem Publikum, welches überwiegend aus niedrigen Kasten ohne längeren Bildungshintergrund kam, konnte ich hingegen ausschließlich in Nepali kommunizieren, wobei Nepali für einige nicht die Muttersprache darstellte. Diejenigen, die verhältnismäßig gut Englisch sprachen, fühlten sich jedoch in der Regel nicht sicher mit ihren Sprachkenntnissen und bevorzugten Gespräche in Nepali oder Mischformen zwischen den beiden Sprachen, so dass oftmals einzelne Wörter, Satzteile oder ganze Konversationsteile in Englisch stattfanden, während der Großteil in Nepali war oder umgekehrt[45].

Da die Anwesenheit eines Übersetzers[46] gewisse Nachteile mit sich bringt, habe ich versucht, so wenig wie möglich und so viel wie nötig auf diese Unterstützung zurückzugreifen und oftmals Tonbänder im Nachhinein übersetzen lassen. Neben der anfallenden Kosten für die Übersetzungsaufgabe stellt sich das Problem, dass ins-

---

[44] Nepali ist die wichtigste von insgesamt 92 in Nepal gesprochenen Sprachen und Dialekten. Neben Nepali als Amtssprache gibt es noch vier Sprachen, die von mehr als einer Million (Maithili, Bhojpuri, Tharu, Tamang), elf Sprachen, die von 100.000 bis 900.000 Menschen gesprochen werden und zahlreiche weitere, die von einer Bevölkerung unter 45.000 bzw. unter 1.000 Menschen gesprochen werden. Diese lassen sich in den beiden Sprachfamilien der Indo-europäischen und der Tibeto-burmanischen Sprachen zuordnen (ZENSUS 2001).

[45] Meine Mitschriften spiegeln diese Sprachmischungen nur sehr begrenzt wider, da ich sie meist direkt auf Englisch übersetzt festgehalten habe. Wichtige Begriffe und Konzepte, für die teils nur nepalesische, teils nur englische Vokabeln verwandt wurden, habe ich jedoch stets in Originalform aufgeschrieben und in der Analyse mit *...* kenntlich gemacht (siehe S.31, Fussnote 15).

[46] Leider ist es mir bisher noch nie gelungen, eine Übersetzerin mit ausreichenden Sprachkenntnissen und Flexibilität zu finden, weshalb ich mit männlichen Übersetzern arbeitete.

besondere bei der informellen Interaktion mit der Gruppe in Kathmandu, die sich bei meinem Forschungsthema als sehr wichtig herausstellte, die Präsenz eines Übersetzers erhebliche Veränderungen in die Situation gebracht hätte. Vermutlich wären dadurch formalere Situationen entstanden, was für die SchauspielerInnen eine größere Distanz zu mir als Forscherin bedeutet hätte, so dass sie mich möglicherweise weniger in ihr Vertrauen gezogen hätten.

Andererseits kann jedoch ein Übersetzer z.T. auch als Vermittler hilfreich sein, um ein vertrautes Verhältnis, insbesondere in Situationen aufzubauen, in denen Zeitdruck besteht. So habe ich bei dem 10-tägigen Aufenthalt in Dharan durchgängig im Beisein von Ramesh[47] gearbeitet, der mir sehr geholfen hat, Missverständnissen über meine Rolle und mein Anliegen vorzubeugen und Kontakt insbesondere mit dem Publikum herzustellen. Gerade bei den Sorgen und dem mangelnden Selbstvertrauen mir gegenüber konnte Ramesh oftmals vermittelnde Worte äußern. Außerdem war ich durch seine Anwesenheit in der Lage, mehr sprachliche Feinheiten, Andeutungen und Anspielungen wahrzunehmen und meinen Blick durch die intensive Auseinandersetzung mit seinen Beobachtungen zu hinterfragen und neu zu reflektieren.

Problematisch waren jedoch die vielen suggestiv formulierten Fragen seinerseits, die daher resultierten, dass ich ihn über mein Forschungsinteresse in Kenntnis setzte, er daraus jedoch den Auftrag ableitete, sich gegebenenfalls nicht mehr an die abgesprochenen Fragen zu halten, sondern gleich das Forschungsinteresse abzufragen; daraus ergaben sich dann absurde Fragen an das Publikum, wie etwa: *„Ist es denn sinnvoll, wenn hier eine Theatergruppe kommt, eure Konflikte zeigt, es dann zu keiner Lösung kommt und sie dann wieder gehen...?"*. Diese Probleme resultierten aus seiner mangelnden Erfahrung mit qualitativen Methoden und auch aus einer gewissen Ungeduld mit den aus seiner Sicht banalen Fragestellungen, die sich bei einem ethnographischen Zugang ergeben und haben die Konsequenz, dass ganze Interviewsequenzen für die Auswertung nicht herangezogen werden konnten.

Hinzu kam, dass Ramesh im Feld sofort als männlicher Brahmane aus der Mittelschicht verortet wurde[48] und dadurch im Kontakt mit dem Publikum teilweise ebenso fremd blieb wie ich selbst. Diese Distanz schien für ihn jedoch wesentlich selbstverständlicher zu sein und sein Anspruch, den Blickwinkel der Menschen ein-

---

[47] Ein Student aus dem MA-Programms für „Rural Development", mit dem ich 2001 bereits zusammengearbeitet habe. Sein wirklicher Name wurde anonymisiert.
[48] Das Erkennen der Kaste eines Fremden geschieht durch das Abfragen von Nachname und Herkunftsregion; es gab beinahe keine Situation, in der wir auf Menschen trafen, ohne dass Ramesh diese Informationen von sich preisgab oder preisgeben musste.

nehmen zu wollen, war wenig ausgeprägt. So fiel mir immer wieder auf, wie er selbst stark in den Kategorien von entwicklungspolitischen Diskursen denkt und wahrnimmt und wie er z.T. unkritisch mit den Kategorien „ungebildet" und „rückständig" argumentiert, und damit gesellschaftliche Zusammenhänge erklärt und festschreibt.

Insgesamt soll festgehalten werden, dass durch den Übersetzungsprozess selbst bereits der erste Schritt der Interpretation und Analyse geschieht und dass dies insbesondere dann zu kritisieren ist, wenn diese Aufgabe von privilegierten Außenstehenden übernommen wird und nicht von den „Beforschten" selbst. Dieser Problematik war ich mir zwar stets bewusst, ich denke jedoch, dass die Selbstreflexion nur einen geringen Anteil dieses Ungleichheitsverhältnisses aufheben kann und werde deshalb bei meiner Auswertung wiederholt auf diesen Aspekt der Unsicherheit eingehen müssen.

5. Die Praxis des Kachahari-Theaters in Nepal

Im Folgenden wird die Forumtheaterpraxis der beiden Gruppen exemplarisch vorgestellt und analysiert. Zunächst werden generelle Hintergründe zu Konfliktthemen der beiden Orte der Feldforschung und kurze Informationen zu den beiden Theatergruppen gegeben. Anschließend werden die drei Haupt-Konfliktthemen der Szenen vorgestellt. Der Ablauf der vier ausgewählten Fallbeispiele wird zusammenfassend wiedergegeben und im Anschluss werden diese zunächst einzeln und dann auch vergleichend im Hinblick auf die zentrale Fragestellung analysiert.

5.1. Konfliktthemen in Kathmandu und Dharan

Generell lässt sich sagen, dass aufgrund der zunehmenden Land- und Binnenflucht in Nepal ein Prozess der stetigen Urbanisierung stattfindet, der zum Anwachsen der wenigen Städte des Landes führt. Die vor ländlicher Armut und vor der sich zuspitzenden bürgerkriegsähnlichen Situation fliehenden Menschen siedeln sich in den freistehenden Flächen an, die als *sukhumbaasi* bezeichnet werden (siehe S.56, Fussnote 41). Die Migration führt dazu, dass in den urbanen Zentren die Spannungen zwischen Tradition und Moderne, zwischen ländlicher und städtischer Identität, sowie zwischen arm und reich in verschärftem Maße aufeinanderprallen.

Kathmandu als größte Stadt (729.000 Einw.) ist der Ort, an dem die Mehrheit der politischen und ökonomischen Elite des Landes lebt und an dem westliche Einflüsse (über Werbung, westliche Produkte, den Tourismus und die Zahl der im Land lebenden westlichen EntwicklungsarbeiterInnen) stark präsent sind. Da die Hauptstadt im zentralistischen Nepal mit Abstand über die beste Infrastruktur verfügt (im Bereich Bildung, Kommunikation, Arbeitsmöglichkeiten etc.) ist sie geprägt von einer großen Durchmischung von zugezogenen Menschen aus den verschiedensten ländlichen Kontexten.
Die Problemfelder in den Slum-Gebieten der Stadt[49] resultieren überwiegend aus der Armut der BewohnerInnen und den geringen sozialen Ressourcen, die sie an dem neuen Wohnort haben. Die in der Theaterarbeit verarbeiteten Themen von Drogen- und Alkoholabhängigkeit, häuslicher Gewalt, mangelnder Förderung von Bildung der Kinder (insbesondere der Töchter) und Ausbeutung im Fabrik-Arbeitsverhältnis spiegeln diese Situation wider.

---

[49] Nach Schätzungen der nepalesischen NGO Shakti Samuhan gibt es momentan etwa 60 Slumsiedlungen in Kathmandu;

Die im Osten liegende Kleinstadt Dharan (100.800 Einw.) zeichnet sich durch ihren für nepalesische Verhältnisse auffallenden Reichtum aus. Dies rührt daher, dass von den aus den Mittelgebirgsregionen migrierten ethnischen Gruppen der Rai, Magar und Gurung viele Männer als Gurkha-Soldaten für die britische Armee gedient haben[50] oder für mehrere Jahre als Industriearbeiter in Länder Südostasiens oder in arabische Staaten gegangen sind. Dieser Sachverhalt hat in den letzten 30 Jahren zu einem enormen ökonomischen Aufstieg von zuvor relativ marginalisierten und unterdrückten ethnischen Gruppen geführt. Bis zur Etablierung der Demokratie 1990 war es den in Dharan dominanten ethnischen Gruppen der Rai, Limbu, Magar, Tamang verboten, ihre eigenen Sprachen, Religionen und Traditionen zu praktizieren. Heute wird das in den letzten 10 Jahren brisant gewordene Problem der Drogenabhängigkeit (synthetischen Drogen, Tabletten), von der überwiegend männliche junge Erwachsene (von 18-30 Jahre) betroffen sind, auf diese einerseits gebrochene eigenen Identität, die Abwesenheit der Vaterfigur und die geringe Motivation für das Arbeiten in Nepal, angesichts der großen Lohndifferenz andernorts, zurückgeführt (AHMAD 1999, S.3-6). Die hohen Zahlen der Abhängigen[51] wird außerdem mit dem großen Zugang der städtischen männlichen Jugendlichen zu Geld erklärt, welches sie teilweise direkt von ihren Vätern geschickt bekommen.

Neben diesen Konflikten der im Wohlstand lebenden Familien gibt es in Dharan auch städtische Slums, die mit ähnlichen Problemen konfrontiert sind wie in Kathmandu. Auch hier spielt jedoch das Thema Drogen eine Rolle, zum einen weil die Slums meist als Orte des Dealens und Konsumierens ausgewählt werden, zum anderen weil auch unter den dort lebenden Jugendlichen billige Drogen weit verbreitet sind (z.B. Teppichklebstoff).

---

[50] Seit 1815 rekrutiert die Britische Armee nepalesische Söldner für ihre Militäreinheiten. Durch ein hartes Auswahlverfahren werden die körperlich besten Männer unter den Gurkhas (und in zunehmendem Maße auch andere Ethnien) ausgewählt, um dann für Großbritannien zu dienen. Die Gurkha-Soldaten formten eine zentrale Rolle in den diplomatischen Beziehungen Nepals mit dem britisch kolonialisierten Indien und tragen bis heute bedeutend zu den Devisen-Einkünfte des Landes bei (DES CHENE 1993, OSTREM ALSVIK 2003).

[51] Es wird geschätzt, dass in der Kleinstadt 4.000-5.000 Jugendliche Drogen nehmen, wobei davon 80% harte Drogen konsumieren (LIMBU 2002).

5.2. Vorstellung der Theatergruppen Aarohan und Srishti

Die Theatergruppe Aarohan besteht aus einem Netzwerk von überwiegend in Kathmandu ansässigen SchauspielerInnen. Diese organisieren in regelmäßigen Abständen sozialkritische und künstlerische Bühnentheaterauftritte, überwiegend für die gebildete nepalesische Mittel- und Oberschicht. Sudeep, der Direktor der Gruppe ist einer von zwei Nepalesen, die eine professionelle Theaterausbildung (in Indien) absolviert haben und in diesem Feld in Nepal arbeiten[52]. Er ist seit mehr als 20 Jahren im Theaterbereich tätig, und hat es sich zum Ziel gesetzt, die nepalesische Theaterkultur wiederzubeleben[53]. Seit 2002 betreibt er mit Aarohan eine private Schule (Gurukul), die nun auch in Nepal die Grundausbildung für die Theaterarbeit ermöglicht. Die SchülerInnen werden neben ihrem theatralischen Talent auch aufgrund ihres Gesamtcharakters und ihres sozialen Engagements ausgewählt. Sie haben außer ihren Unterrichtsverpflichtungen unter anderem die Aufgabe, monatlich zwei bis drei Kachahari-Aufführungen für marginalisierte Bevölkerungsgruppen zu organisieren, wofür die dänische NGO MS Nepal eine finanzielle Aufwandsentschädigung bereitstellt.[54] Das Ausmaß und die Art der persönlichen Bereitschaft zur Arbeit mit unterprivilegierten Gruppen und des Einsatzes für gesellschaftlichen Wandel ist bei den SchauspielerInnen unterschiedlich ausgeprägt. Wenn auch alle dieses Tätigkeitsfeld inhaltlich mittragen, so nehmen es manche eher als eine Verpflichtung auf ihrem Weg als professionelle SchauspielerInnen wahr, während andere darin eine Chance sehen, sich politisch zu engagieren[55] und für mehr soziale Gerechtigkeit einzusetzen. Aarohan bemüht sich heute darum, gezielt jene gesellschaftlichen Gruppen in der Kachahari-Methode zu trainieren, die dadurch ihre eigene Marginalisierung in der Gesellschaft thematisieren und verändern können. So fand z.B. im Mai 2004 ein neuntägiger Workshop im Westen des Landes statt, bei dem einer der Schauspieler benachteiligte Menschen in den Themen Konfliktbearbeitung und Theater, sowie in

---

[52] Der Name des Direktors sowie alle in dieser Studie verwendeten Namen (von SchauspielerInnen und ZuschauerInnen) sind frei erfunden. Ich habe nur Vornamen gewählt, da ich durch die Wahl von Nachnamen Aussagen über Kastenzugehörigkeiten treffen müsste, für die mir mitunter das Wissen im bezug auf viele Namen fehlt. Die Vornamen derjenigen Personen, die in mehreren Aufführungen und Interviews auftauchen wurden jeweils gleich verwendet.
[53] Es wird berichtet, dass diese durch die Etablierung der Demokratie 1990 zunächst erlahmte, da das Theater in den 70er und den frühen 80er Jahren ein beliebtes Medium für versteckten Protest bildete und nach Einführung der Meinungsfreiheit zunehmend uninteressant wurde. Mit Einführung des Fernsehens in Nepal 1985/86 sank das Interesse am Theater zusätzlich.
[54] Im ersten Jahr wurden die Kachahari-Auftritte in Nepal von UNDP-Geldern unterstützt, diese sind jedoch ausgelaufen, sodass die Finanzierung zunehmend schwerer zu gewährleisten ist.
[55] Einmal sagte mir einer meiner InformantInnen, dass sie früher auch für die Demokratiebewegung auf die Straße gegangen seien, heute jedoch ihre politischen Standpunkte über das Medium des Theaters ausdrücken würden.

der praktischen Anwendung von Kachahari unterrichtete. Dabei handelte es sich um Menschen, die aus Slums und z.T. auch aus der Gruppe der *kamaiya* (leibeigene Arbeiter in Nepal, die erst im Jahr 2000 ihre Freiheit erkämpfen konnten) kommen und selbst in sozialen Bewegungen aktiv sind.

Die Gruppe Srishti Natya Samuha aus Dharan wurde 2001 von Aarohan in einem mehrtägigen Workshop-Programm in den Methoden des Theaters der Unterdrückten trainiert. Anders als Aarohan arbeiten sie nahezu ausschließlich mit ehrenamtlichen Strukturen und haben nur temporären Zugang zu Bühnen- und Proberäumen. Die SchauspielerInnen genießen keine Theater-Grundausbildung und gehen alle noch anderen Tätigkeiten (Ausbildungen, Arbeit) nach. Sie kooperieren mit Aarohan, die ihnen in regelmäßigen Abständen die Möglichkeit für Weiterbildung und Erfahrungs-austausch anbieten. Der Direktor der Gruppe arbeitet seit Jahren im Bereich Theater, hat sich sein Wissen jedoch, abgesehen von kurzen Schulungen, durch das eigene Experimentieren angeeignet. Zusammenfassend lässt sich sagen, dass Srishti im Vergleich zu Aarohan sehr viel unprofessioneller arbeitet. Die meisten der SchauspielerInnen der Gruppe verbinden die Theaterarbeit nicht mit einer beruflichen Perspektive, sondern betrachten sie als Hobby oder als ehrenamtliches Engagement. Sie haben überwiegend hohen Kastenhintergrund und kommen ausnahmslos aus Mittelschichtfamilien.

5.3. Hintergründe zu den Konfliktthemen der Fallbeispiele

Von den vielen verschieden Themen, die im Kachahari-Theater bearbeitet werden, habe ich aus den vorhandenen Daten drei typische und oft verhandelte Konfliktfelder ausgesucht.

Das *Thema der häuslichen Gewalt gegen Frauen* ist in Nepal sehr verbreitet und wird weitgehend mit dem Alkoholismus der Ehemänner erklärt, weshalb die Themenfelder *gender* und „raksi" theatralisch nahezu identisch dargestellt werden. Meine InformantInnen bezogen sich oftmals folgendermaßen auf dieses Problem: „*raksi khaaera aaune ani shrimati kutne*" (= nach dem Trinken kommt er und schlägt seine Frau).

Zu diesem Thema habe ich zwei Stücke ausgewählt, die beide in *sukhumbaasi*-Siedlungen stattfanden (einmal in Kathmandu, einmal in Dharan), sich jedoch in ihrem Ablauf und in der Resonanz des Publikums stark voneinander unterschieden. Im Kern dreht es sich um Ehemänner, die das Geld ihrer Frauen bzw. das wenige Geld der Familie für Alkohol und/oder Glücksspiele ausgeben und sich keine Gedanken um die Zukunft ihrer Kinder machen. Auffällig ist, dass bei der Bearbeitung dieser Stücke stets das Ziel der Alkoholabstinenz des Mannes im Zentrum steht und nicht das Ende seiner gewalttätigen Übergriffe. Ein weiteres Indiz für die Selbstverständlichkeit dieser Verknüpfung ist, dass viele Frauengruppen in Nepal die Forderung eines in mehreren Staaten Indiens verwirklichten Alkoholverbots stellen und z.T. auf lokalen Ebenen durchsetzen[56].

Das *Thema des Drogenmissbrauchs* betrifft in Nepal überwiegend die männliche Jugend und wird in der Regel als Eltern-Sohn-Konflikt dargestellt. Es geht sowohl um eine Wertedebatte betreffend Respekt und Gehorsam der Jugend gegenüber ihren Eltern, als auch um Diebstahl in der eigenen Familie. Die Drogenproblematik ist zwar in Dharan akuter (siehe 5.1.), für die Analyse liegt jedoch lediglich ein Fallbeispiel aus Kathmandu vor. Um mehr über das tabuisierte und relative neue Phänomen der Drogenabhängigkeit zu erfahren, haben die beiden Theatergruppen informelle Interviews und Workshops mit Abhängigen in Rehabilitationszentren durchgeführt. In einem Interview berichtete der Direktor von Aarohan, dass er zuvor dachte, nur arme oder vernachlässigte Jugendliche würden Drogen nehmen und nach der Hochzeit würden sie damit aufhören. Durch die engere Zusammenarbeit mit Abhängigen sei ihm bewusst geworden, dass auch reiche Kinder in privaten Internaten mit Drogen in Kontakt kommen können, und dass die Sucht nicht automatisch mit dem Heiraten endet. Auch die tieferliegenden Probleme von Süchtigen, die sich mit dem Entzug von Vertrauen und gesellschaftlicher Ächtung konfrontiert sehen, gerieten durch die Recherchen für die Theaterarbeit ins Bewusstsein der SchauspielerInnen.

Das *Konfliktfeld der Korruption* unterscheidet sich von den Vorgenannten insofern, als dass es sich hier nicht um einen inner-familiären Verhandlungsraum handelt, sondern um ein Feld der sozialen und politischen Öffentlichkeit. Das ausgewählte Stück richtet sich an ein überwiegend männliches, gebildetes Publikum, das im

---

[56] Maoistische Frauenorganisationen treten damit wiederholt an die Öffentlichkeit, indem sie Läden mit alkoholischen Getränken in Brand stecken, um damit gegen Gewalt gegen Frauen zu protestieren.

öffentlichen Leben steht und nicht an die Gemeinschaft einer Slum-Siedlung. Es handelt von korrupten Praxen, die in den meisten Regierungsgebäuden der Hauptstadt zum Alltag gehören. Die auf das Konzept von *afno manchhe* (siehe S.39) zurückgehende gesellschaftliche Struktur der Bevorzugung bestimmter nahestehender Menschen führt zu einem komplexen Funktionssystem, das neben der formalen Bürokratie existiert und diese oftmals dominiert und korrumpiert. In Nepal ist es für gebildete Menschen nahezu unmöglich, eine gut bezahlte Stelle zu bekommen, ohne dafür große Summen an Korruptionsgeldern zu bezahlen. Das System setzt sich nicht zuletzt dadurch fort, dass diejenigen, die hohe Positionen erreicht haben, die dafür aufgewandten Gelder bei ihren Untergebenen wieder einzutreiben versuchen. Die Frage, an welcher Stelle dieses relativ stabilen Gefüges angesetzt werden müsste, um Korruptionskreisläufe nachhaltig zu verhindern, ist eine explosive Debatte. Menschen auf den verschiedenen Stufen der Hierarchie weisen sich in der Regel gegenseitig die Schuld zu.

Interessant im Bezug auf die inszenierten Konflikte ist der Prozess, in dem diese thematisch ausgewählt werden. In Kathmandu wird hierfür überwiegend mit NGOs kooperiert, welche in den Slums und Fabriken aktiv sind und die Theatergruppen über die zentralen Problemlagen vor Ort informieren. In manchen Fällen wird vor dem Kachahari-Auftritt zusammen mit dem Publikum ein zwei bis dreistündiger Theaterworkshop organisiert, bei dem diese ihre Probleme selbst über die Methode des Statuentheaters (BOAL 1989, S.71-73) visualisieren und artikulieren. Im direkten Anschluss setzen die SchauspielerInnen diese Bilder dann in Form eines Kachahari-Stückes in Szene.

In Dharan wird die Themensuche durch den Prozess des *samasyaa kojne* (Nepali: Problemsuche) in direkten Gesprächen der Schauspielenden mit dem Publikums erforscht. Hierfür begleitete ich einige der SchauspielerInnen, die einige Tage zuvor durch zwei für Aufführungen ausgewählte Slums gingen und verschiedene Menschen in Teestuben, auf der Strasse oder während ihrer Lohnarbeit (bei der Herstellung von Bau-Aggregat) nach den zentralen Problemen der Siedlung befragten. Die Betrachtung des *samasyaa kojne* ist sehr interessant vor dem Hintergrund, dass die Wirkung von Machtstrukturen hierin sehr deutlich werden kann. Tabuisierte Konflikte oder Konflikte, die große Kritik gegen mächtige BewohnerInnen artikulieren würden, können hier schon im Vorfeld zensiert werden. Beispielsweise kam es in Dharan zu dem Konflikt, dass einige Frauen uns darüber informierten, dass es im Ort eine Familie gäbe, in der der Mann eine zweite Frau geheiratet und mit in seine Familie gebracht habe. Diese habe jedoch aus ihrer ersten Ehe bereits ein Kind gehabt, welches aber von dem Mann nicht anerkannt und nicht mit dem Lebensnotwendigen (Nahrung, Kleidung, Zugang zu Bildung) versorgt wurde. Ihr Anliegen war es zu klären, was diese Frau tun könne, um ihr eigenes Kind zu retten. Als die Theatergruppe begann sich über die szenische Umsetzung auszutauschen, kam eine der Informantinnen aufgewühlt auf uns zu und bat entschieden darum, diesen Konflikt nicht zu zeigen, weil sie Angst hatte, dass bekannt würde, wer die Informationen wietergegeben hätte.

An dem Ort des zweiten Kachahari Fallbeispiels kam es zu der Situation, dass uns zunächst ein einflussreicher lokaler Politiker des Slums darüber informierte, dass das Hauptproblem die Drogen und die dadurch steigende Jugendkriminalität sei. Der Theatergruppe ist jedoch bekannt, dass dieser Politiker vor einigen Jahren sehr viel Geld bei den SlumbewohnerInnen eingesammelt hatte, unter dem Vorwand, er werde sich um die Legalisierung ihrer Grundstücke kümmern, was er jedoch nie tat. Daraufhin wurden einige BewohnerInnen dafür bezahlt, den Betrug vor den anderen zu verschweigen. Ohne auf diesen höchst brisanten Konflikt der Siedlung einzugehen, suchten die Schauspielenden nach weiteren Problemen. Als wir dann einige Frauen fragten, berichteten diese von dem Thema der häuslichen Gewalt und der Tatsache, dass einige Kinder nicht in die Schule geschickt würden.

Die Entscheidung, welche Probleme letztlich theatralisch umgesetzt werden, ist also von verschiedenen Faktoren abhängig. Zunächst scheint es Konflikte zu geben, deren Brisanz für die Gruppe zu groß ist, als dass sie sie inszenieren und damit an die Oberfläche holen wollten. Hierbei wird deutlich, dass es im Konfliktverständnis der Gruppe durchaus auch jene Konstellationen gibt, in denen Konflikte zur Zerstörung innerer Ordnung beitragen würden und nicht zu dem gewünschten emanzipatorischen Wandel.

Des weiteren ist die Auswahl zu einem gewissen Grad dem Zufall überlassen, abhängig davon, wem die Gruppe bei ihrem Gang durch die Siedlung begegnet und wen sie anspricht, und davon, inwieweit gewisse Probleme bereits im Bewusstsein der Menschen sind und sie diese vor der Gruppe artikulieren können. Der Aspekt des Bewusstseins und des Verständnisses für die Zusammenhänge der eigenen Probleme korreliert jedoch oftmals stark mit dem Privileg von Bildung, so dass sich nicht automatisch alle Stimmen gleich gut Gehör verschaffen können.

Auf der Suche nach Themen, erkundigte sich die spätere Informantin Anita:

„Welche Art von Problemen meint ihr? Die Probleme des Dorfes (gaauko samsasyaa) oder die Haushaltsprobleme (gharko samasyaa) oder unsere Misere (haamro dukha)?"

Interessant an Anitas Unterteilung von Problemtypen ist die von ihr verwandte Kategorie *„haamro dukha"*, mit der sie das allgemeine Thema der Armut und der daraus resultierenden Hoffnungslosigkeit anspricht, ohne sie in Verbindung zu setzen mit konkreten Problemen im Haushalt oder im Dorf. Der Theaterdirektor antwortet ihr darauf, dass sie nicht jene Probleme suchen würden, die `nur die Regierung lösen´ könne sondern jene, die auf der Ebene der Gemeinschaft selbst bearbeitet werden könnten. Durch seinen Versuch, sich auf diese Weise auf das Drei-Ebenen-Modell für Konflikte (siehe S.32-33) zu beziehen und zu erklären, dass im Kachahari nur Konflikte aus dem zwischenmenschlichen Bereich inszeniert werden können, argumentiert er jedoch - entgegen der Philosophie des `Theaters der Unterdrückten´ - dafür, dass das Thema Armut oder Landlosigkeit nur von der Regierung gelöst werden könne und die Gruppe in diesem Bereich nichts tun könne. In meinem Interview mit dem Theaterdirektor aus Kathmandu kritisiert dieser die Herangehensweise der Gruppe aus Dharan. Er weist darauf hin, dass die im Kachahari bearbeitete Frage lediglich mit der Auswahl des Publikums abgestimmt werden müsse:

"Es hängt davon ab, ob deine Zielgruppe das normale Volk ist. Wenn du es über Korruption sensibilisieren willst, kannst du das tun!! Aber wenn du Gesetze willst oder eine Art von Bestrafungsmechanismus, dann brauchst du Leute, die zu dieser Seite gehören." (Sudeep, Theatergruppenleiter)

Sudeep argumentiert hier, dass es durchaus möglich ist, strukturelle Probleme im Kachahari zu bearbeiten, dass es dafür dann jedoch Menschen, die tatsächlichen Einfluss ausüben können, im Zuschauerraum bedarf. Aus diesem Grunde wird es von den meisten Theatergruppen abgelehnt, z.B. das Problem der Slumbewohner im Bezug auf ihre fehlenden Besitzansprüche in der Kachahari-Aufführung mit der *sukhumbaasi*-Gemeinde zu bearbeiten. Dies könne nicht innerhalb der Gemeinschaft, sondern nur in Zusammenarbeit mit der Regierungsseite gelöst werden.

5.4. Zusammenfassungen der Fallbeispiele

Im Folgenden werden die vier der von mir beobachteten Kachahari-Auftritte in ihrem chronologischen Ablauf dargestellt. Zunächst gehe ich kurz auf einige der zentralen Charakteristika der jeweiligen Auftrittsorte ein und beschreibe den Vorgang von meiner gemeinsamen Ankunft mit den SchauspielerInnen der Theatergruppe, über die Begrüßung des Publikums, die Vorstellung der Modellszene, bis hin zur Interaktion mit den Zuschauenden und der Verabschiedung der Schauspielenden.

Zusammenfassung Kachahari 1: Gender

Die Kachahari-Szene zum Thema *gender* findet in einer *sukhumbaasi*-Siedlung Kathmandus statt. Sechs SchauspielerInnen und ich reisen am frühen Morgen mit dem öffentlichen Bus an und gehen zu Fuß die Staubstrasse in die Siedlung hinein. Die Schauspielenden versammeln die BewohnerInnen der Gemeinschaft durch Singen und Trommeln an einer zentral gelegenen Wegkreuzung in der Nähe des Flusses, in welchem sich die Abfälle der Stadt sammeln. Auf dem Platz bildet sich ein Kreis aus ca. 50 Zuschauenden (davon etwa die Hälfte Frauen und ca. 20 Kinder) die gespannt ihre Augen auf die Mitte richten, in der einige der SchauspielerInnen singen, andere zaghaft zu tanzen beginnen.

Mahesh[57] tritt als Joker in die Bühnenmitte, begrüßt die Anwesenden höflich, stellt die Schauspielenden als SchülerInnen der Schule Gurukul vor und beschreibt die Regeln des Forumtheaters. Er weist darauf hin, dass das Stück von einem „Vorfall" aus ihrer Siedlung handle, später gestoppt werde und sie als Zuschauende im Anschluss Vorschläge machen sollten, da die Schauspielenden selbst keine Lösung finden könnten. Abschließend fragt er sie nach ihrem Einverständnis, und nachdem das Publikum einwilligt, gibt er den Bühnenraum frei für die Modellszene.

In der ersten Szene tritt Amita in gebückter Haltung auf. Mit der linken Hand hält sie sich den Rücken, mit der rechten deutet sie mit geschickten Bewegungen an, dass sie mit einem Besen den Boden fegt; sie führt Selbstgespräche über das Aussehen „ihres Hofs" und über ihre schwere Situation mit der vielen Hausarbeit, die sie ganz alleine

---

[57] Alle Namen von SchauspielerInnen und ZuschauerInnen sind frei erfunden. Ich habe nur Vornamen gewählt, da ich durch die Wahl von Nachnamen Aussagen über Kastenzugehörigkeiten treffen müsste, für die mir mitunter das Wissen im bezug auf viele Namen fehlt. Die Vornamen derjenigen Personen, die in mehreren Aufführungen und Interviews auftauchen wurden jeweils gleich verwendet.

bewältigen müsse. Bishnu, der Freund ihres Ehemanns tritt auf, um diesen abzuholen. Es entfaltet sich ein witzig-ironischer Dialog zwischen Amita und Bishnu, in dem Amita ihn bittet, nicht so viel Alkohol zu trinken und ihren Mann nicht zum Trinken zu verleiten. Amita klagt darüber, dass er sie in ihrer schwierigen Situation doch verstehen müsse, Bishnu geht jedoch nicht ernsthaft darauf ein, sondern macht sich mit viel Ironie über die Situation lustig, worüber das Publikum lacht. Gyan, der Ehemann, kommt dazu und deutet an, eine Henne mitzunehmen, worauf Amita entsetzt ausruft, er solle dies nicht tun. Auf Bishnus Nachfrage bestätigt Amita, dass die Hühner Teil ihrer Mitgift seien. Anschließend fordert Gyan sie auf, ihm 200-300 Rupie (ca. 2,50 Euro, mehr als ein Tageslohn) von dem von ihr verdienten Geld zu geben, damit er Dokumente für seine Arbeitsbewerbungen vorbereiten könne. Amita gerät außer sich vor Verzweiflung und ruft aufgebracht:

> „Nein, Alter! Wie soll ich nur geben? Von wo nehmen? Vor nur ein paar Tagen
> hast du 200 Rupie genommen, oder? Wo hab ich das Geld? Ist 200 Rupie nicht
> sehr viel Geld? Der Reis ist alle, Salz ist alle, Kerosin ist alle und alles ist alle."

Gyan lässt jedoch mit seiner Forderung nicht locker, sodass Amita ihm schließlich das Geld gibt mit dem Auftrag, dass er dann Reis, Linsen, und Salz kaufen und abends mitbringen solle. Sie äußert jedoch schon kurz nach der Geldübergabe ihre Zweifel daran, dass er dies wirklich tun werde. Gyan und Bishnu gehen gemeinsam los mit der selbstironischen Erklärung, dass sie nun „Arbeit" suchen würden. Amita verlässt aufgewühlt den Bühnenraum.

In der zweiten Szene tritt Ram auf und wundert sich, warum es wohl so eine große Menge an Menschen (gemeint ist das Publikum) hier gäbe; schließlich kommen die von ihm erwarteten drei Männer (darunter Gyan und Bishnu), mit denen er sich zum Kartenspielen trifft. Sie setzen sich gemeinsam auf den Boden, rufen die „Wirtin" und bestellen Alkohol. Nach und nach werden sie immer betrunkener, flirten mit der Wirtin, beginnen englische Ausdrücke zu benutzen und Witze zu machen. Schließlich entscheiden sie noch ins Kino zu gehen. Gyan leiht sich hierfür nochmals 200 Rupie von Bishnu, mit der Begründung, er habe die von seiner Frau bereits ausgegeben. Alle Männer und die Wirtin gehen ab.

Die dritte Szene spielt wieder in dem Haus von Gyan und Amita. Amita geht in die Mitte und beschimpft einen Hund, der sich während der zweiten Szene in den Bühnenraum gelegt hatte: Er solle nicht ihren soeben geputzten Hof verschmutzen!

Dann ruft sie überrascht aus, ob denn alle (sie deutet auf das Publikum) in ihr Haus wollten und ob sie denn nicht zu ihren eigenen Häusern müssten, worauf viel Gelächter entsteht. Schließlich kommt Gyan torkelnd in die Mitte und ruft laut nach Amita, die ihm die pantomimisch dargestellte Tür öffnen soll. Er erzählt ihr völlig betrunken, dass er einen harten Tag gehabt habe, um die Dokumente zu beschaffen. Sie zeigt auf seine leere Tasche und fragt ihn streng, ob er denn die Lebensmittel mitgebracht hätte. Sie öffnet die leere Tasche und bemerkt sarkastisch: *„Soll ich die Tasche kochen um dich zu ernähren?"* Gyan wirft ihr vor, dass sie ja mit ihrem eigenen Geld hätte einkaufen gehen können. Sie fordert weiterhin eine Erklärung für die verschwundenen 200 Rupie, woraufhin er wütend wird und nach Essen verlangt. Sie wirft die Tasche zu Boden und fragt herausfordernd: *„Bin ich deine Bedienstete oder bin ich deine Frau?"* Er steigert sich daraufhin zunehmend in seinen Zorn hinein und sagt, dass sie ganz schön vorlaut geworden wäre, wer ihr denn das beigebracht habe und ob sie denn immer mit den anderen Frauen gegen ihn reden würde, und wie sie es wage könne, seine Tasche zu Boden zu werfen. Beim letzten Satz holt er weit aus, um sie zu schlagen, worauf sie zusammenzuckt und der Joker das Stück stoppt, so dass die beiden SchauspielerInnen in ihrer Bewegung einfrieren.

Mahesh gibt nun eine kurze Zusammenfassung der wichtigsten Geschehnisse. Er sagt, dass der Mann seine Frau anlüge, den ganzen Tag nur Kartenspiele und die Frau die Hausarbeit und die Lohnarbeit alleine verrichten müsse. Obendrein leihe er sich ihr Geld, vertrinke es und schlage sie anschließend. Im Anschluss fragt Mahesh das Publikum, was die Frau tun solle, damit ihr Mann sie bei ihrer Arbeit unterstützt. Im gesamten Diskussionsprozess beteiligen sich nur die Frauen aus dem Publikum. Als erste meldet sich eine Frau zu Wort, die sagt, die Frau sollte ihren Ehemann „überzeugen", so dass er beginnt, bei der Hausarbeit zu helfen. Die Szene wird gespielt und Amita versucht Gyan zu bitten, weniger zu trinken. Gyan wirft ihr daraufhin vor, ihn wegen der 200 Rupie bevormunden zu wollen, und das nur, weil er gerade keine Arbeit und damit kein eigenes Einkommen habe. Als er noch verdiente, habe schließlich sie von seinem Einkommen gelebt, so dass ihre Forderung jetzt unfair wäre.

Der Joker stoppt die Szene erneut und gibt diese Frage (hat er das Recht ihr Einkommen auszugeben?) ins Publikum und erkundigt sich nach weiteren Möglichkeiten. Es kommen mehrere Vorschläge: die Frau solle ihn bitten, nicht mehr zu trinken und ihm vorschlagen, gemeinsam arbeiten zu gehen. Auch diese Szene wird gespielt, doch Gyan fühlt sich durch das Arbeitsangebot provoziert und wirft ihr vor, dass sie denke, er würde nichts tun und ihn für seine Arbeitslosigkeit auch noch bestrafen wolle. Sie lenkt ein und sagt, dass sie doch nur einen Vorschlag gemacht habe, woraufhin er sie verspottet.

Mahesh unterbricht und befragt das Publikum, was nun geschehen müsse. Eine Frau schlägt vor: *"Jetzt muss er hinter verschlossenen Türen geschlagen werden!"*, worauf großes Gelächter entsteht. Eine weitere sagt, sie solle ihm kein Essen mehr geben. Der Joker erkundigt sich, ob diese Optionen im wirklichen Leben praktikabel wären, worauf eine Frau antwortet, wenn er kein Essen bekommen würde, dann würde er sich bessern. Eine andere wiederholt, er solle kein Geld bekommen. Wenn er trinken möchte, solle er selbst das Geld dafür verdienen. Mahesh fragt nach, ob Amita es so im Theater sagen sollte, die Vorschlagenden willigen ein und die Szene wird improvisiert.

Amita setzt Gyan vor die vollendete Tatsache, dass sie ihn nicht verbal überzeugen könne und deshalb kein Geld mehr geben werde. Auf sein wiederholtes Nachfragen, wie sie denn so grausam sein könne, erwidert sie entschlossen, dass sie ihm auch kein Essen mehr geben könne. Nach einigen scheiternden Überredungsversuchen wird Gyan wütend und droht ihr, sie unter diesen Umständen aus dem Haus zu schmeißen. Der Joker interveniert und erkundigt sich, ob eine solche Szene realistisch sei und die Frauen aus dem Publikum sagen `ja´, während sich die Männer bedeckt halten, das Geschehen jedoch aufmerksam beobachten. Auf die Frage, was in so einem Falle zu tun wäre, sagt eine Frau, die in einer lokal und national organisierten Frauengruppe aktiv ist, dass nun alle Frauen der Gemeinschaft zusammenkommen müssten, um gegen den Ehemann zu protestieren. Das Publikum ist einverstanden und die Szene wird gespielt.

Amita sagt Gyan, dass sie sich nun Hilfe von anderen Frauen holen wird und geht ins Publikum, um mehrere Frauen (einschließlich der, die den Vorschlag machte) auf die Bühne zu holen[58]. Die anfangs noch etwas verschämten, nun im Mittelpunkt stehenden Zuschauerinnen beginnen mit Gyan zu sprechen und versuchen ihn davon zu überzeugen, dass es sich nicht um private Belange handelt, wenn er seine Frau schlägt. Gyan wehrt sich und sagt, es sei schließlich eine Sache der Gleichberechtigung zwischen Mann und Frau, wenn er nun von ihrem Geld lebe, nachdem sie zuvor von seinem lebte. Die Zuschauerinnen lassen nicht locker darauf hinzuweisen, dass er sie nicht schlagen dürfe und eine von ihnen warnt Gyan:

---

[58] Sie fordert hierbei jene Frauen auf, die bereits Vorschläge geäußert haben und aus diesem Grunde weniger schamhaft zu sein schienen. Dennoch dauert es eine Weile, bis die Gruppe sich auf die Bühne wagt.

„Wir werden noch ein, zwei Mal versuchen dich zu überzeugen und wenn du dich nicht besserst, dann werden wir dich mit unseren Saris fesseln und schlagen!"

Völlig verblüfft über diese so vehement ausgesprochene Drohung gibt Gyan klein bei und sagt, er werde sich bessern und dass er seine Frau ja auch sehr liebe. Die anderen Frauen wiederholen noch einmal, dass er an seine Nachbarn denken müsse und dass es für die Zukunft seiner Kinder nicht gut sei, wenn er sich weiterhin so verhalte.

Mahesh stoppt die Szene und fragt, ob diese Situation im wirklichen Leben denkbar wäre. Das Publikum stimmt zu. Dann spricht der Joker abschließende Worte, in denen er sagt, dass die zuletzt gespielte Lösung eine „gute Waffe" für das Publikum sei, falls derartige Probleme auftreten würden. Während sich die Zuschauermenge langsam wieder auflöste, entwickelt sich ein Gespräch mit der Frau, die den letzten Vorschlag machte. Sie informierte uns, dass diese Methode in der Gemeinde bereits mehrmals angewandt wurde. Als letzte Sanktion für gewalttätige, trinkende Männer würde die organisierte Frauengruppe des Slums diese sogar für 2-3 Monate aus der Siedlung verweisen.

Zusammenfassung Kachahari 2: Alkoholabhängigkeit

Der Auftritt zum Thema „raksi" (= selbstgebrannter Schnaps) findet in einer Landlosengemeinde statt, die etwa 15 Minuten Fußweg vom Zentrum Dharans entfernt liegt. Es handelt sich dabei um einen vergleichsweise wohlhabenden Slum, der jedoch noch keinen rechtlich anerkannten Status hat. Viele der BewohnerInnen leben hier schon seit 30 Jahren mit ihren Familien und es finden Verhandlungen mit der Regierung statt. Angehörige einiger Familien arbeiten seit mehreren Jahren im Ausland und ihre Häuser stechen deutlich durch ihren relativ guten baulichen Zustand hervor.

Fünf SchauspielerInnen von Srishti, der Direktor der Gruppe, mein Übersetzer Ramesh und ich laufen gemeinsam zu dem *sukhumbaasi*. Dort angekommen suchen wir einen geeigneten Ort auf dem Staubweg des Ortes aus und Meena markiert den Bühnenraum mit Mehl, das sie in einer kreisförmigen Linie auf den Boden streut. Ram fragt die BewohnerInnen, ob sie Trommeln hätten und findet schließlich den metallenen Deckel einer Tonne. Er beginnt darauf rhythmisch einzuschlagen, bis sich nach und nach die Leute aus dem Ort versammeln. Nachdem anfangs überwiegend

Kinder herbeiströmten, kommen zunehmend auch Erwachsene, so dass schließlich etwa 120 Menschen zusehen. Vor Beginn des Stückes zieht sich Meena noch ein schlichtes traditionelles Alltags-Kleid über die von ihr getragene moderne Kleidung (T-Shirt und Jeans) und Ram tauscht sein Basekap gegen das *topi* (traditionelle männliche Kopfbedeckung in Nepal) eines Mannes aus dem Publikum.[59]

Gopal begrüßt das Publikum freundlich in seiner Funktion als Joker und stellt die Theatergruppe vor. Er sagt, sie kämen aus Dharan und würden dort zahlreiche Straßentheaterauftritte organisieren. Das Stück handle von einem Problem, das sie in dieser Siedlung „vorgefunden" hätten. Das Theater sei anders als Theater, welches sie zuvor gesehen hätten. Es wird an einem Problempunkt stoppen und dann wird die Gruppe die Meinungen und Vorschläge aus dem Publikum brauchen, um die Handlung fortführen zu können. Gopal sagt, er hoffe, sie werden sich daran beteiligen, verlässt die Mitte des Kreises und eröffnet damit das Spiel.

Die erste Szene beginnt mit Meena, die den Bühnenraum betritt, sich auf den Boden setzt und im klagenden Tonfall mit Selbstgesprächen beginnt. Sie fragt sich selbst, warum denn niemand zu Hause wäre, wo sie doch den ganzen Tag hart für Lohn arbeiten müsse. Sie ruft nach ihrem Sohn Shalikram, der ihr Wasser bringen solle. Shalikram tritt auf und erkundigt sich bei seiner Mutter, ob sie denn Reis gekocht hätte. Meena entgegnet wütend, dass er sich schämen solle, den ganzen Tag nur herumzustreunen und nun nach Reis zu verlangen! Shalikram wiederholt, dass er sehr hungrig sei und dass er hoffe, der Vater würde Reis mitbringen. Meena sagt resigniert, dass sie nie wüsste, wo sich sein Vater rumtreibe und dass er bestimmt wieder betrunken nach Hause käme. Sie klagt, dass sie niemals ihre Ruhe hätte, auch sie hätte Hunger und immer hätte sie Schwierigkeiten mit ihrem Ehemann und mit ihrem Sohn.

Es folgt der Auftritt des torkelnden Ram, dessen Hemd falsch zugeknöpft ist und unordentlich aus der Hose heraushängt. Das Publikum lacht über seine Erscheinung. Meena fragt ihn, ob er sich denn nicht schäme, schon tagsüber betrunken zu sein! Ram entgegnet zunächst scherzend, dass er gar keinen Grund für Scham hätte, da er noch bekleidet wäre. Nach weiteren Vorwürfen von Meena wird er zornig und schlägt ihr ins Gesicht, so dass sie zu Boden fällt und weint. Das Publikum lacht und

---

[59] Auf dem Weg zur Siedlung erzählt Ram, dass er immer versucht, ein bis zwei Requisiten aus dem Publikum zu leihen, weil das eine lockere Verbindung zu den Menschen aufbaue und weil diese sich dann besser mit dem Stück identifizieren könnten.

Ram sagt provozierend: *„Wein doch, wein doch!"*. Meena ruft verzweifelt aus, dass es besser wäre, wenn sie nur tot wäre und verlässt die Bühne. Ram bleibt und schläft im Bühnenraum sitzend ein.

Mit einem imitierten Hahnenschrei indiziert einer der Schauspielgruppe aus dem Hintergrund den nächsten Morgen und den Beginn der zweiten Szene. Ram wacht auf, sich den schmerzenden Kopf haltend und ruft nach Meena, die ihm Wasser bringen soll. Er ist verblüfft darüber, dass er im Freien liegen gelassen wurde und beklagt, dass er von seiner Frau nicht geliebt würde. Meena kommt auf die Bühne und sagt, dass er selbst zur Quelle gehen solle. Wenn er Alkohol holen könne, so könne er auch sein Wasser selbst holen! Ram sagt, sie solle nicht mehr von Alkohol sprechen und dass sie ihn doch wenigstens anlächeln könnte. Schließlich reicht sie ihm mit der sarkastischen Bemerkung: *„Ich muss es dem König reichen"* den pantomimisch dargestellten Krug mit Wasser. Er trinkt und bemerkt, dass er bereits zur Arbeit müsse. Auch sie geht mit der Bemerkung, dass die Familie durch seinen Verdienst niemals zu essen bekäme und auch sie arbeiten gehen müsse.

Die letzte Szene beginnt erneut mit Meena, die von ihrer Arbeit nach Hause kommt und zu sich selbst sagt, dass vermutlich niemand zu Hause sein werde. Shalikram erscheint und fragt, ob es heute Reis gäbe. Meena antwortet ausweichend, dass er schon Reis bekäme, wenn es denn Reis gäbe und fragt, wo Shalikram denn herkomme. Er sagt, dass er vom Vater am Vorabend geschlagen worden sei und bei einem Freund geschlafen habe. Schließlich kommt Ram betrunken und aggressiv nach Hause und ruft schimpfend nach seiner Frau. Sie reagiert gereizt und fragt, warum er denn schreie, wo er doch nicht einmal mehr aufrecht stehen könne. Er sagt, sie solle nicht so mit ihm reden, er sei wütend und wolle nicht so behandelt werden, nur weil er getrunken habe. Schließlich könne sie ja auch trinken, wenn sie wolle. Meena fragt ihn, wie sie denn das Haus erhalten würden, wenn sie nicht verdienen würde und ergänzt, dass sein Gehalt noch nicht mal für sein Trinken ausreiche. Ram macht sich über die Höhe ihres Verdienstes lustig und fragt das Publikum nachdenklich, was es wohl sei, dass er immer so schnell in Rage gerate, wenn er sie nur sehe. Meena entgegnet darauf, dass es ihn wohl glücklicher mache, wenn er die Frau von der Taverne sehe und ob er diese denn lieber sehen würde, wenn er mit ihr unglücklich sei. Ram verliert daraufhin die Beherrschung und beginnt Meena zu schlagen, worauf das Publikum abermals lacht.

Gopal unterbricht die Handlung, woraufhin die beiden Schauspielenden einfrieren und das Publikum sofort sehr ernst wird und aufmerksam zuhört. Gopal sagt, dass das Stück, wie bereits angekündigt, an dieser Stelle angehalten würde und die Gruppe nun Vorschläge benötige, um es fortzusetzen. Er erklärt, dass der Ehemann immer Alkohol trinken und dann seine Frau schlagen würde und fragt, wie die Frau sich aus dieser Ausbeutung (*shoshan*) befreien könne. Der Joker verspricht dem Publikum, dass sie alle Vorschläge spielen würden. Es folgt ein großes Stimmengewirr (bei dem sich überwiegend, aber nicht nur die Frauen beteiligen) und Gopal wiederholt die einzelnen Vorschläge laut, so dass es zu einer gemeinsamen Diskussion kommen kann. Zunächst wird der Wunsch geäußert, dass der Mann aufhören soll zu trinken. Der Joker entgegnet jedoch, dass es die Regel gäbe, nur Vorschläge für die Frau zu machen und nicht für den Mann. Ein Mann aus dem Publikum sagt, die Frau solle ihrem Mann die Beine brechen, woraufhin Gelächter entsteht. Der Joker fragt, ob das Problem durch das Brechen der Beine wohl gelöst werden könne und das Publikum verneint und jemand sagt, dass es zu mehr Problemen führen würde. Eine Frau sagt, Meena solle ihren Ehemann verlassen, was Gopal jedoch bewusst oder unbewusst überhört. Ein Mann schlägt vor, sie solle andere Leute aus der Gemeinschaft mit einbeziehen; eine Frau sagt dagegen, sie solle zu ihren Eltern zurückkehren. Gopal verliert kurzzeitig den Überblick über die vielen Vorschläge und wiederholt die Worte des Mannes die Gemeinschaft zusammen zu rufen. Dann geht er auf eine Gruppe diskutierender Frauen zu und fragt, was sie machen würden. Eine von ihnen fordert, dass die Schauspielerin die Frauengruppe des Dorfes um Hilfe bitten sollte. Gopal entscheidet, dass dieser Vorschlag gespielt werden solle.

Meena bewegt sich aus ihrer eingefrorenen Position und sagt: *„Warte, ich werde die Frauengruppe holen"*. Dann geht sie auf verschiedene Frauen aus dem Publikum und auf die Schauspielerin Laxmi zu und sagt mit weinerlicher Stimme, dass ihr Mann sie täglich schlage und dass sie ihr doch bitte helfen mögen. Laxmi unterstützt sie und überzeugt vier Frauen aus dem Publikum, die sich nun lachend auf der Bühne versammeln, um der weinenden Schauspielerin Meena zu „helfen". Laxmi fragt Meena was passiert sei, worauf diese sagt, dass Ram sie täglich betrunken schlagen würde. Zunächst fragt Laxmi, ob Meena nicht vielleicht unfreundlich zu ihm gewesen sei, worauf Meena verzweifelt klagt: *„Was würde ich schon sagen? Er schlägt immer zu, auch wenn ich nur sage: `trinke keinen Alkohol, bringe Reis und Getreide'."*

Ram kommt auf die Bühne und eine der Frauen sagt ihm, er solle aufhören zu trinken und seine Frau zu schlagen und fragt, warum er das denn tue. Ram fragt, was denn diese Versammlung am frühen Morgen solle und dass er Wasser trinken wolle. Eine andere Frau aus der Gruppe ruft aufgebracht:

„Was für Wasser?! Du schlägst deine Frau die ganze Nacht, und jetzt kannst du einfach so nach Wasser verlangen?! Nein, du kannst keines bekommen. Du musst hier reden."

Ram gerät in Bedrängnis, wirft seiner Frau wütend vor, die Frauen ins Haus geholt zu haben und sagt der Frauengruppe, dass sie sich nicht in die Angelegenheiten zwischen Ehemann und Ehefrau einzumischen habe. Eine von ihnen erwidert, dass es eine Sache der Gemeinschaft geworden sei, und dass er, wenn er das nicht akzeptiere, ja in den Dschungel gehen könne! Ram verteidigt sich, dass er nichts gestohlen und sich somit nichts zu Schulden habe kommen lassen. Die Frauen insistieren, dass sie als Nachbarinnen durch sein ewiges Streiten mit Meena leiden würden. Er beharrt darauf, dass sie das nichts anginge. Langsam resignieren die Frauen und verlassen die Bühne. Ram unterstellt Meena nun, seine Ehre verletzt zu haben, indem sie die Frauen des Dorfes geholt habe. Meena entgegnet, dass er, falls er noch Ehre besitze, aufhören müsse zu trinken.

Gopal unterbricht die Szene. Er resümiert, dass es zu einer langen Diskussion gekommen war, der Ehemann sich jedoch nicht geändert habe. In suggestiver Weise fragt er ins Publikum, ob denn das Problem so gelöst werden könne, worauf viele Stimmen mit `nein´ antworten. Daraufhin fragt er nach Handlungsalternativen, da die zuvor gespielte Lösung nicht funktioniert habe. Eine Frau im Publikum sagt erneut, dass Meena ihren Ehemann verlassen solle, worauf vereinzeltes Gelächter im Publikum entsteht. Gopal wiederholt lediglich den abgeschwächten Wunsch aus dem Publikum, den Mann *„für eine Weile"* zu verlassen, worauf eine Zuschauerin aufgebracht sagt: *„Was tun? (ke garne?) ihn nur für den Tag verlassen? ... Er wird wieder anfangen die Frau und Kinder zu schlagen ohne Liebe".* Gopal wiederholt ihren pessimistischen Einwand und es kommt ein Vorschlag, dass der Ehemann versprechen solle, dass er sich von nun an nicht mehr so verhalten werde. Schließlich einigt sich das Publikum darauf, dass die Frau ihren Mann um besseres Verhalten bitten solle, wenn er ausgenüchtert ist.

Die Idee wird gespielt doch ohne großen Erfolg, da Ram sein Verhalten damit erklärt, dass sein Körper nach Alkohol verlange und dass das eine langjährige Gewohnheit sei, die er nicht ändern könne. Während der Szene äußert eine Zuschauerin den Vorschlag, dass er anstatt zwei Gläsern nur eines trinken, und dadurch seine Gewohnheit verbessern könnte.

Die Idee wird von Meena im neu eingesetzten Spiel aufgegriffen und Ram akzeptiert ihren Vorschlag. Zusätzlich kommt der Sohn Shalikram in die Szene und verlangt bei Ram nach seinem Schulgeld. Er sagt, wenn Ram weniger trinken würde, könnte er seine Gebühren bezahlen. In der daran anschließenden Szene kommt Ram jedoch wieder völlig betrunken nach Hause und sagt, er habe es nicht geschafft sein Versprechen einzuhalten, und sie beginnen erneut sich zu streiten.

Gopal bricht das Spiel ab und fragt, ob es zu einer Lösung gekommen sei, was vom Publikum verneint wird. Die Zuschauenden reden aufgeregt durcheinander und Gopal versucht die Diskussion zusammenzuhalten. Zum wiederholten Male kommt der Vorschlag, wenn der Ehemann nicht aufhöre zu trinken, solle die Frau ihre Familie verlassen. Gopal fragt das Publikum, was es davon halte und ob es denn noch bessere Ideen habe. Es häufen sich Stimmen die sagen, da gäbe es einfach keine Lösung! Gopal erkundigt sich: *„O.k., hört zu, die meisten von euch sagen, es ist gut, den Ehemann zu verlassen?"*, worauf einige zu- und andere dagegen stimmen. Eine Frau erklärt schließlich, es wäre nicht gut den Mann zu verlassen, was von Gopal laut wiederholt wird. Als Lösung schlägt sie vor, dass sie mit ihm gemeinsam arbeiten gehen könne. Der Joker erkundigt sich, ob das möglich sei und das Publikum bejaht. Anstatt diese Option jedoch zu spielen, fragt Gopal, was denn getan werden müsse, falls auch dies keine Lösung für das Problem sei? Wieder läuft die Diskussion durcheinander. Eine Frau sagt, dass sie dann beide Alkohol trinken sollten, eine andere wirft ein, dass es dann noch schlimmer wäre. Schließlich wird von einer weiteren Frau vorgeschlagen, dass Meena den Alkohol selbst nach Hause bringen und dadurch den Konsum ihres Ehemannes kontrollieren sollte. Eine andere Frau protestiert gegen diesen Vorschlag. Eine insistiert darauf, dass die Lösung im gegenseitigen Gespräch liege. Der Joker bricht die zunehmend auseinanderlaufenden Verhandlungen ab und sagt abschließend, dass diejenigen, die von dem Problem betroffen sein, eine Lösung dafür suchen sollten; er sagt, dass sie (die Theatergruppe) keine Lösung und keine Ratschläge anzubieten hätten, da es ihr Problem sei und sie daher auch selbst die Lösung finden müssten.

Das Theaterstück endet mit großer Unzufriedenheit im Publikum, da die Zuschauenden mit dem Gefühl der Hoffnungslosigkeit zurückgelassen werden. Die Schauspielerin Laxmi versucht im Anschluss noch einen betrunkenen Zuschauer davon zu überzeugen, dass er doch im Theater gesehen habe, dass Alkohol Probleme im Leben verursache und dass er aufhören solle zu trinken. Der Mann ist jedoch kaum mehr bei

Bewusstsein und lässt Laxmis engagiert formulierte Ratschläge gelassen an sich abprallen.

Zusammenfassung Kachahari 3: Drogenmissbrauch

Die Landlosensiedlung des dritten Fallbeispiels befindet sich am Stadtrand Kathmandus und ist etwa 15 Minuten Fußweg von der Theaterschule Gurukul entfernt. Im vorangegangenen Jahr fanden dort schon mehrfach Auftritte dort statt. Der Ort wirkt auf mich so, als sei die Armut hier größer als in den Siedlungen der anderen Fallbeispiele. Die Dächer sind überwiegend aus Wellblech und die Wände bestehen nur teilweise aus unverputzten Ziegelsteinen, oftmals jedoch aus provisorisch aufgestellten Abtrennungen, die aus Bambusstöcken und zusammengenähten leeren Zementsäcken bestehen. Die meisten BewohnerInnen arbeiten unter schwerster körperlicher Belastung und bei geringer Bezahlung auf den nahegelegenen Baustellen.

Der Schauspieler Mahesh organisiert seit einigen Monaten zweimal die Woche morgendlichen Kampfsportunterricht für die Jugendlichen des Slums, mit dem Ziel, ihr Selbstvertrauen zu stärken und sie dadurch präventiv vor Drogen zu schützen. Aufgrund dieses Kurses und aufgrund vorheriger Theater-Aufführungen zu diesem Thema sollen einige der Jungendlichen aufgehört haben Drogen zu nehmen.

Zehn SchauspielerInnen und ich erreichen die Siedlung und Mahesh und Gyan werden gleich von einigen Jugendlichen erkannt und begrüßt. Wir bleiben an einer kleinen Weggabelung des Ortes stehen, einige singen und Gyan tanzt dazu, so dass sich nach und nach Menschen versammeln. Nachdem anfangs nur Kinder und Jugendliche kommen, erscheinen später auch die Erwachsenen, so dass ein gemischtes Publikum von etwa 70-80 Zuschauenden entsteht. Noch während des Wartens spielen vier der Schauspieler Einstiegsszenen, in denen es um kleine Streitgespräche über Geld und um kleinere Provokationen geht, die jedoch mit dem Stück noch nichts zu tun haben.

Schließlich betritt Ekraj als Joker die Bühne und begrüßt das Publikum respektvoll. Er sagt, sie würden ein Theaterstück aufführen über ein Problem, mit dem sie sich selbst konfrontiert sahen[60]. Da die SchauspielerInnen Schwierigkeiten bei der

---

[60] Interessanterweise ist es hier das einzige Mal, dass die SchauspielerInnen direkt sagen, dass sie den Konflikt auch aus ihrer Lebenswelt kennen. Einer der SchauspielerInnen hatte selbst in seiner Jugend große Probleme mit Drogen und sein Wissen über dieses Feld floss in die Theaterarbeit mit ein.

Vorbereitung hatten, sagt er, sei es schwer das Stück zu einem Ende zu bringen. Es gäbe in der Mitte der Aufführung einen Konflikt[61], und dort würden die Schauspielenden anhalten und es nach den Vorschlägen des Publikums weiterführen. Der Joker verspricht, dass das Theaterstück so gespielt würde, wie sie das vorschlagen und fragt nach dem Einverständnis der Zuschauenden. Diese willigen klatschend ein, Ekraj geht ab und die Szene beginnt.

Ramji betritt tief gebeugt und laut hustend den Bühnenraum und führt klagende Selbstgespräche, dass er schon so alt sei und nicht mehr gut laufen könne. Er setzt sich auf eine Bodenmatte und schreit laut nach seiner Frau Uma, die ihm Tee bringen soll. Die noch jünger wirkende Uma steht auf der anderen Seite des Bühnenraums und bereitet das Getränk zu (pantomimisch), trägt es zu ihrem Mann und geht zurück in den Küchenbereich der Bühne. Der etwa 15-jährige Sohn Birke kommt dazu und versucht an seinem Vater vorbei, dessen Augenkontakt meidend, ins Haus zu gehen. Ramji schreit wütend, der Sohn solle sich zu ihm setzen und Uma ruft von der anderen Seite der Bühnenfläche, Birke solle bleiben und Reis essen. Der Sohn sagt jedoch, er müsse gleich wieder los und verlässt die Szene. Auch Ramji und Uma gehen ab.

Die zweite Szene beginnt mit einigen männlichen Schauspielern, die eine Clique Jugendlicher spielen. Sie schlagen sich lässig auf die Schultern, klopfen Sprüche und machen sich übereinander lustig. Birke stößt zu ihnen, als sie beginnen gemeinsam Marihuana zu rauchen. Sie bieten ihm davon an, er lehnt jedoch ab mit der Begründung, er müsse gleich zur Schule. Sie überzeugen ihn aber, erst einen und schließlich noch einen weiteren Zug zu nehmen und gehen gemeinsam ab.

Ramji setzt sich wieder auf seine Matte und jammert: *„Ohohh, ich bin ein so alter Mann...."* und macht dazu Grimassen, die das Publikum zum Lachen bringen. Die Nachbarin Amita stürmt aufgeregt herein und fragt, wer denn zu Hause sei. Da der alte Vater allein ist, fängt sie ohne Umschweife an, sich darüber zu beschweren, dass sein Sohn Birke sehr schlecht erzogen sei. Er würde mit den anderen Jugendlichen *„schlechte Dinge"* zu sich nehmen und andere, wie z.B. ihren Sohn, damit negativ beeinflussen. Er müsse auf jeden Fall besser kontrolliert werden, ob er auch zur Schule ginge, denn sonst wäre das eine Katastrophe. Ramji klagt, dass er seinen Sohn

---

[61] Er benutzt hier das Wort *dvandva* (Konflikt), das hohes Sprachniveau wiederspiegelt und meistens im Kontakt mit weniger gebildeten Publikum vermieden wird. Anstattdessen wird meist von *samasyaa* (Problem) oder *ghaTanaa* (Vorfall) gesprochen.

in seinem Alter nicht beaufsichtigen könne, doch Amita lässt dieses Argument nicht gelten und verlässt aufgebracht das Haus.

Wieder treffen sich die Jugendlichen zusammen mit Birke. Neben ihren spottenden Witzen übereinander setzen sie nun Birke unter Druck, ihnen Geld für die Drogen zu bezahlen. Birke hat kein Geld, verspricht es jedoch für den nächsten Tag. Einer flüstert ihm etwas ins Ohr und sagt dann laut: *„DAS ist es, was du tun solltest!"*.

Ramji kommt auf die Bühne mit seinem gequälten Ausdruck, der immer noch Belustigung auslöst und beginnt auf seiner Fußbodenmatte sitzend zu trommeln und zu singen. Birke kommt, geht am Vater vorbei und ruft nach seiner Mutter, die noch nicht im Haus ist. Birke betritt dann den leeren Bühnenraum außerhalb des Blickfeldes des Vaters und zieht mit angespannter Miene pantomimisch ein Bündel Geld unter einem imaginären Kopfkissen hervor und steckt es in seine Tasche. Anschließend verlässt er schnell das Haus und lässt den über seinen disziplinlosen Sohn verärgerten Vater zurück.

Uma kehrt voller Schmerzen von ihrer harten Arbeit zurück, hält sich den Rücken und klagt. Ramji sagt, sie solle sich ausruhen, doch sie will erst einkaufen gehen. Auf der Suche nach dem Geld-Bündel, die das Publikum mit großer Spannung beobachtet, schreit sie plötzlich verzweifelt auf: *„Hast du das Geld unter dem Kopfkissen aufgebraucht?"* Das wissende Publikum lacht über ihre Verzweiflung. Ramji sagt, er wisse von keinem Geld und Uma teilt fassungslos mit, dass sie 1000 Rupie (etwa 12 Euro) von ihrer Arbeit dort versteckt hatte, die nun nicht mehr dort seien. Schließlich kommt Birke wieder und wird von ihr zur Rede gestellt. Er streitet jedoch alles ab, woraufhin der Vater drohend sagt, Uma solle ihm die Wirbelsäule brechen. Umas Stimme überschlägt sich vor Aufregung: *„Warum sprichst du nicht? Was ist los mit dir?! Hast du das Geld genommen?"* Birke schweigt und meidet ihren Blickkontakt. Sie hebt den Arm, um ihn zu schlagen und der Joker stoppt das Geschehen.

Ekraj sagt zunächst, dass das Stück von diesem Moment an nicht mehr weiterzuspielen sei. Das Publikum habe ja bereits gesehen, wie Birke sei: Er nehme das Geld aus dem Bett seiner Mutter. Darum nun die Frage des Jokers: was können die Eltern tun, um Birkes Verhalten zu verbessern? Eine Frau aus dem Publikum sagt, sie sollten ihn an einen „sicheren Ort" bringen (gemeint ist ein Rehabilitationszentrum für Drogenabhängige); ein Mann hält dagegen, sie sollten Arbeit für den Sohn finden.

Jemand anders wendet ein, Birke sollte auf die Empfehlungen „netter Freunde" (*raamro sangatii*) hören. Ein älterer Mann mit roten *topi* sagt, dass die Theatergruppe wisse, was man tun solle und dass sie es dem Publikum sagen sollten, worauf Ekraj jedoch nicht eingeht. Die Diskussion läuft durcheinander und Ekraj wählt schließlich den sich mehrfach wiederholenden Vorschlag der Arbeitssuche für den Sohn als Handlungsoption für die Improvisation.

Die Szene beginnt damit, dass die Eltern und Birke sich mit dem Leiter des Bauunternehmens treffen, für das Uma arbeitet (der von einem der bisher nicht auf-getretenen SchauspielerInnen gespielt wird). Der Leiter fragt nach Birkes Ausbildung und obwohl dieser nur bis zur fünften Klasse zur Schule ging, will er ihm einen Job anbieten. Birke verzieht jedoch das Gesicht und sagt, er könne keine schweren Steine tragen.

Ekraj unterbricht und fragt das Publikum. Ein Mann schlägt vor, den Anführer der Gemeinschaft (Nepali: *Thulo manchhe,* lit.: großer Mensch) aufzusuchen, der nun mit Birke reden und ihn überzeugen sollte. Die Szene wird gespielt und der *Thulo manchhe* des Ortes wird von einem weiteren Schauspieler improvisiert. Als Respekts-person sagt er ihm, dass er mit seiner Mutter arbeiten gehen solle, da er schließlich nicht ausgebildet sei. Birke stimmt ihm jedoch nicht zu, schaut während des Gesprächs auf den Boden und tritt unruhig von einem Fuß auf den anderen. Ohne weitere Erklärung sagt er schließlich, er könne nicht hart arbeiten und zeigt damit seine mangelnde Ehrfurcht vor dem *Thulo manchhe*.

Der Joker stoppt die Handlung und eröffnet die Diskussion. Eine Frau sagt, dass die Eltern ihrem Sohn mehr Liebe geben sollten, ihm näher kommen und versuchen sollten seine Probleme zu verstehen. Viele Stimmen sprechen durcheinander, so dass Mahesh spontan als zweiter Joker einspringt, um die Diskussionen mit zu leiten. Jemand schlägt vor, den Sohn zu schlagen, was jedoch nicht aufgegriffen wird (zum Umgang mit gewalttätigen Vorschlägen siehe S. 95). Ein Mann mittleren Alters in sportlicher moderner Kleidung, der selbst Erfahrungen mit Drogen gemacht hatte, sagt: *„Wir müssen an ihn appellieren [...] wir müssen ihn verstehen. Und wenn ihr seinen innersten Willen erfüllt, dann wird es gut sein".* Diese Szene wird gespielt als ein Dialog zwischen Birke und seinen Eltern, die ihn überzeugen wollen. Sie scheitert jedoch sehr schnell an Birkes Desinteresse.

Im Anschluss meldet sich ein Lehrer zu Wort, der viele Aktivitäten gegen Drogen organisiert und versucht zu erklären, warum Eltern manchmal ihre Kinder nicht verstehen können. Er sagt, die Situation sei schwieriger, da die Eltern ihre Kinder verändern möchten, jedoch nicht in einer *„guten Art und Weise"*. Er bietet den SchauspielerInnen an, gemeinsam zu diesem Thema zu arbeiten.

Es folgen weitere Vorschläge, die jedoch aufgrund zunehmender Hintergrundgeräusche schwer zu verstehen sind. In der folgenden gespielten Intervention stellt Uma Birke wegen des Verbleibs der 1000 Rupie zur Rede. Birke sagt, er hätte sich Snacks (*khaajaa*) davon gekauft. Sie erwidert, er solle zu Hause essen und fragt nach, wo er denn so viel Geld für Snacks hätte ausgeben können.

Ekraj fordert diejenigen Zuschauenden, die sich an der Diskussion am meisten beteiligten, auf, sich direkt hinter die Schauspielenden zu stellen und ihnen simultan Vorschläge zu machen. Vier Männer und eine Frau kommen in die Mitte der Bühne, doch niemand ist entschlossen genug die Diskussion in dieser Form weiter zu führen. Die Aufmerksamkeit der außen Stehenden lässt daraufhin nach, die Hintergrundgeräusche werden lauter und die ersten beginnen, den Kreis zu verlassen oder sich ihren Weg durch die Weggabelung zu bahnen. Die beiden Joker verlieren die Kontrolle über die Publikumspartizipation und die Zuschauenden zerstreuen sich in kleinere Gruppen, die weiter diskutieren, während die meisten wieder zu ihren Häusern gehen. Ein Mann, der eine führende Rolle in dem Slum einnimmt, beginnt einen ausführlichen, lobenden Monolog über den pädagogischen Wert der Theaterarbeit.

Ekraj erklärt dem übrigen gebliebenen, am stärksten interessierten Publikum, dass sie ein Gruppentreffen mit den drogennehmenden Jugendlichen organisieren sollten. Es sei wichtig ihr Selbstbewusstsein zu entwickeln, so dass man sie Schritt für Schritt behandeln könnte. Die SchauspielerInnen könnten dadurch helfen, das Problem in theatralischer Form zu präsentieren, um gemeinsame Lösungen zu finden. Schließlich teilt Ekraj den wenigen noch übrig gebliebenen Zuschauenden mit, dass die Kachahari-Aufführung formal beendet sei.

Kurz bevor wir den Slum verlassen, kommt eine besorgte ältere Frau auf einige SchauspielerInnen zu und teilt mit, dass ihr Sohn auch *„diese Probleme"* habe. Mahesh erkundigt sich nach dem Namen des Sohnes und sagt ihr, er werde dafür sorgen, dass auch dieser seine Kampfsportklasse besucht.

Zusammenfassung Kachahari 4: Korruption

Dieses Kachahari wurde schon 40-50 Mal aufgeführt und ist dafür bekannt, eine enorme Wirkung auf das Publikum zu haben und hat schon vielfach hitzige Diskussionsprozesse mit unterschiedlichem Ausgang angeregt. Der hier vorgestellte Auftritt findet an einem öffentlichen Platz statt, welcher sich unmittelbar vor dem Regierungsbüro befindet, welches für Landeigentum und Grundeigentumssteuern zuständig ist (*maalpot kaaryaalay*). Der Schauspieler Deepak, der zuvor die Auftritts-Erlaubnis organisiert hatte, wird nach seinem Eintreffen von dem Chef des *maalpot*-Büros informiert, dass der Auftritt nicht, wie ausgemacht, direkt im Innenhof des Regierungsgebäudes möglich sei. Zwölf der SchauspielerInnen und ich erreichen zu Fuß den relativ zentral liegenden Platz, wo uns Deepak mitteilt, dass wir Pech hätten, weil wir ungünstigerweise an einem Dienstag gekommen seien. Dienstage seien insbesondere für die ländliche Bevölkerung mit großem Aberglauben besetzt. Daher sei damit zu rechnen, dass nur wenige Menschen in die Stadt kämen, um ihre Grundeigentums-Dokumente bearbeiten zu lassen[62]. Daher würde das eigentliche „Zielpublikum" dieser Szene, nämlich die weniger privilegierten Klienten der Regierungsbehörde, die von umliegenden Dörfern anreisen, nicht im angemessenen Umfang erreicht werden.

Die SchauspielerInnen wirken vor diesem Auftritt vergleichsweise nervös und haben ihre Kleidung - anders als bei den Auftritten in den *sukhumbaasi*-Siedlungen - passend auf ihre Rollen abgestimmt. Nach etwa 30 Minuten Warten und Gesprächen darüber, ob der Auftritt stattfinden sollte, beginnen sie diesen vorzubereiten. Mahesh setzt sich in die Mitte des Platzes und singt ein Volkslied, wozu drei der Schauspieler tanzen. Das Publikum beginnt sich um sie zu versammeln, zunächst sind es 40-50 Personen, während der ersten Szene kommen jedoch zunehmend mehr Menschen dazu, so dass es 70-100 Zuschauende werden. Es handelt sich fast ausschließlich um erwachsene Männer, die in der Umgebung arbeiten. Im Gegensatz zu dem Publikum in den Slumgemeinschaften scheint es, der Kleidung (weiße Hemden, polierte Halbschuhe und *topis*) nach zu urteilen, ein überwiegend gebildetes Publikum aus Schreibern, Beamten und Büroangestellten zu sein. Die meisten der höheren Angestellten des Regierungsgebäudes kommen jedoch nicht auf die Straße, viele beobachten den Auftritt dennoch aus der Ferne von ihren Bürofenstern aus. Auch die Arbeitenden aus den nahegelegenen Tee- und Snackstuben mischen sich unter das

---

[62] Viele Menschen in Nepal glauben, dass man an Dienstagen keine neuen Dinge beginnen sollte. So sollte man an diesem Tag beispielsweise keine neuen Kleidungsstücke zum ersten Mal tragen und auch keine neuen Verträge aufsetzen oder wichtige Verhandlungen beginnen.

Publikum. Inwieweit jedoch wenig gebildete Klienten des Malpot-Büros darunter sind, ist schwer zu beurteilen.

Nach einigen kleinen Einstiegsszenen, die der Unterhaltung und dem Zusammentrommeln von Zuschauenden dienen, begrüßt Mahesh das Publikum als Joker. Er stellt die SchauspielerInnen als SchülerInnen von Gurukul vor und verweist darauf, dass Aarohan bereits seit 20-25 Jahren im Theaterbereich tätig ist. Im Anschluss erklärt er die Grundregeln des Kachahari und informiert die Zuschauenden, dass sich bei der Szene um einen realen Vorfall aus dem wirklichen Leben handle. Mahesh erkundigt sich nach dem Einverständnis des Publikums und dieses willigt klatschend ein und begrüßen damit die SchauspielerInnen auf der Bühne.

Uma, die sich ein einfaches rotes Baumwollkleid über ihre städtisch-moderne *kurta* (südasiatisches Kleidungsstück für Frauen) gezogen hat, betritt den Bühnenraum. Vertieft in Gedanken darüber, warum denn so viele Menschen auf der Strasse versammelt seien und wo denn ihr Mann den ganzen Tag bleibe, verscheucht sie einige imaginäre Hühner, die ihre Maispflanzen fressen. Dazu kommt ihr Mann Gyan, ebenfalls einfach gekleidet. Nach einer knappen Begrüßung eröffnet er ihr, dass ein Bekannter möchte, dass sie ihm ihre Schulden zurückzahlen. Er wirft seiner Frau vor, dass sie nun in einer misslichen Lage wären, in der ihnen niemand mehr Geld leihen würde, weil Uma damals darauf bestanden hätte, eine sehr teuere Hochzeitszeremonie für den ältesten Sohn zu finanzieren. Er informiert sie über sein Vorhaben, nun einen Teil des Landes an den Nachbarn Bishnu zu verkaufen. Uma entgegnet, dass sie ohne diese Ausgaben damals ihr Gesicht nicht mehr in der Gesellschaft hätte zeigen können und dass das Stück Land für die Heirat des jüngeren Sohnes vorgesehen sei, worauf Gyan wütend wird. Schließlich kommt jedoch der Nachbar Bishnu, die beiden Männer beginnen mit der Verkaufsverhandlung, wobei Uma sich im Hintergrund hält. Gyan schlägt vor, einen weisen alten Mann aus dem Dorf über den Wert des Grundstückes zu befragen. Der weise Alte tritt kurz auf und nennt einen Preis, der dann die Verhandlungsbasis bildet. Trotz des Protestes von Uma einigen sich die beiden auf den Wert und darauf, die Formalitäten in Kathmandu zu erledigen und das Land innerhalb von sieben Tagen auf Bishnus Namen zu überschreiben.

Die nächste Szene spielt vor dem Malpot-Büro in der Hauptstadt. Es werden drei aus einer Snack-Bar geliehene Hocker im etwa 3 Meter großen Abstand voneinander auf die Bühne gestellt, die die verschiedenen Büroräume abgrenzen sollen. Der Schreiber (*lekhandaas*)[63] Ramji tritt in die Mitte der Bühne und äußert die Vermutung, dass wohl noch niemand im Büro sei. Er sagt, dass das wohl daran läge, dass Dienstag sei und dass er so garantiert kein Geschäft machen könne. Gyan kommt mit einer Mappe mit Unterlagen auf die Bühne und wird von Ramji aufgehalten, der ihm für 80 Rupie seine Dienste anbietet. Gyan lehnt ab mit der Begründung, dass er keine Hilfe brauche, doch Ramji überzeugt ihn, dass er eines der formalen Papiere nur bei ihm bekommen könne und füllt es für ihn aus. Anschließend gibt ihm Gyan 20 Rupie und sagt, dass er nicht mehr habe. Darauf erwidert Ramji aufgebracht, jedoch mit ironischem Unterton:

> *„20 Rupie sind nicht genug. Du musst hier schon allein 50 Rupie dafür bezahlen, dass du niesen darfst. Wie soll es dann möglich sein, deine Arbeit für nur 20 Rupie zu erledigen? Wie soll ich mich nur über Wasser halten, wenn hier solche Leute her kommen?"*

Im Publikum wird über diesen Seitenhieb gegen die Bürokratie viel gelacht.

In der nächsten Szene setzen sich Rajendra, Deepak und Ganesh, die jeweils sehr förmlich mit gepflegten Hemden, festen Lederschuhen und *topis* bekleidet sind auf die drei Barhocker. Sie sitzen in ruhigen, selbstgefälligen Posen mit leicht übergeschlagenen Beinen und strahlen Macht aus. Gyan betritt in gebeugter Haltung den Raum von Deepak, begrüßt ihn höflich und zurückhaltend und sagt, er möchte seine Unterlagen einreichen. In beiläufigem schroffen Tonfall sagt Deepak, dass er bei ihm falsch sei, und die Papiere „drüben" hinterlassen solle. Gyan geht ein wenig eingeschüchtert zum anderen Raum und gibt dem dort sitzenden Ganesh seine Mappe. Dieser sagt, er solle nach 3 bis 4 Tagen wieder kommen. Gyan antwortet verwirrt, dass es aber für ihn wichtig sei, die Landübertragung noch am selben Tage abzuschließen. Deepak und Ganesh übergehen ihn völlig und beginnen, sich beiläufig ihre Einschätzung des aktuellen politischen Geschehens von ihren Hockern aus zuzurufen. Es geht darum, dass das neue Ministerkabinett gegründet wird wobei sie sich gegenseitig versichern, dass ihre *afno manchhe* (siehe S.39) sie darin sicherlich vertreten würden.[64] Gyan unterbricht die beiden mit der unterwürfig formulierten Bitte, sie mögen doch seine Unterlagen bearbeiten, da er extra aus den Bergen den

---

[63] Der Beruf des *lekhandaas* ist in Nepal sehr verbreitet. Er hat die Aufgabe vor Behörden und Ämtern jenen Menschen, die nicht oder nur schlecht lesen und schreiben können, gegen eine kleine Gebühr mit dem Ausfüllen ihrer Unterlagen zu helfen. Ein Teil der Schreiber arbeitet selbstständig, ein anderer ist direkt von den Behörden angestellt.

[64] Interessant ist daran ist, dass das Stück Bezug nimmt auf das tagespolitische Geschehen. In den Tagen des Auftrittes wurde gerade der neue Premierminister Deuba von dem zuvor alleine regierenden König ins Amt berufen, mit dem Auftrag, innerhalb eines Jahres den Friedensprozess neu einzuleiten und demokratische Wahlen herbeizuführen.

weiten Weg nach Kathmandu gekommen sei. Die beiden Beamten erwidern, er solle später wieder kommen, sie hätten sehr viel zu tun. Sie nehmen daraufhin ihren Smalltalk wieder auf und sagen, Gyan solle nun endlich gehen, weil er die beiden nur verärgere. Gyan verlässt die Bühne.

Die nächste Szene beginnt mit den Auftritt des modern gekleideten Schauspielers Birke, der in sein Mobiltelefon spricht. Es wird deutlich, dass er mit den Angestellten der Behörde ein sehr vertrautes Verhältnis hat, indem er sich nach ihren Familien erkundigt und mit ihnen Späße macht. Auch er möchte verschiedene Unterlagen bearbeitet haben, legt diese jedoch direkt Rajendra vor, dem obersten Chef der Behörde, worauf Deepak zunächst gekränkt reagiert. Deepak wird jedoch durch eine herzliche Einladung zu Birkes Abendparty gleich wieder versöhnt.

In der folgenden Szene begegnet Bishnu Gyan und fragt, warum das Land nach fünf Tagen immer noch nicht überschrieben worden sei. Der Schreiber Ramji geht direkt auf sie zu und bietet abermals seine Hilfe an, um den Prozess zu beschleunigen. Gyan lehnt ab und geht mit Bishnu zusammen erneut zu Deepaks Büro. Dieser ist jedoch noch nicht erschienen, obwohl das Büro offiziell seit 2 1/2 Stunden geöffnet ist. Schließlich schlendern die Beamten gemächlich herein und sagen, sie wären noch nicht zur Bearbeitung seiner Dokumente gekommen und er solle es am nächsten Tag wieder versuchen. Erneut sagt Gyan, dass dies für sie unmöglich sei, da sie von weit her kämen und es eilig hätten. Deepak und Ganesh reden jedoch weiter über den beinahe sicheren Ministerposten ihres Bekannten.

Gyan und Bishnu verlassen den Büroraum. Ramji kommt ihnen entgegen, erfährt von ihrem gescheiterten Versuch und geht direkt zu den beiden Beamten, um mit ihnen über das Anliegen der beiden zu sprechen. Deepak sagt mit ernster gereizter Miene zum Schreiber: *„Geh und kümmere dich um die Angelegenheit"*, worauf dieser wieder nach draußen geht und Gyan zur Seite zieht und ihm zuflüstert, dass er ihm 5.000 Rupie (= 30 Euro) zahlen solle, worauf er alles für ihn arrangieren könne. Gyan schreit entsetzt auf, dass das eine enorme Summe sei und dass er bereits die Regierungssteuer bezahlt habe. Die Gesichter im Publikum werden plötzlich ernster und richten ihr Interesse konzentriert auf die Bühne, der Kreis der Zuschauenden wird enger. Da Gyan nicht genug Geld dabei zu haben scheint, sagt Ramji, er solle ihm für das Anfertigen von Landkarten zumindest 450 zahlen. Gyan hat jedoch nur 300 Rupie, worauf Ramji enttäuscht ist. Bishnu und Gyan beginnen zu verhandeln, wer von den beiden die zusätzlichen Kosten auf sich nehmen sollte, bis schließlich

Mahesh die Bühne betritt, die Szene stoppt und die Zuschauenden um ihre Ratschläge bittet.

Ein etwa 60jähriger Mann, der selbst Schreiber ist, schlägt vor, Deepak verbal zu überzeugen[65]. Er übernimmt hierfür Gyans Rolle und geht zu Deepak, um mit ihm über den Fall zu sprechen. Deepak lässt sich jedoch nicht umstimmen, so dass der Zuschauer letztlich aufgibt und sagt, sein Vorschlag habe nicht funktioniert.

Als nächstes wird gewünscht, Gyan und Bishnu sollen sich direkt an den obersten Chef Rajendra wenden. Die beiden gehen zu dessen Büro und der Mann aus dem Publikum stellt sich hinter Bishnu, um ihm zu sagen, was dieser dann nur wiederholen muss. Rajendra lässt sich jedoch nicht zur schnelleren Bearbeitung überreden.

Mahesh fragt wieder ins Publikum und zwei jüngere Männer sagen, sie sollten sich körperlich durchsetzten. Die Szene wird von den Schauspielern gespielt. Gyan und Bishnu betreten Deepaks Büro, welcher sich im Gespräch mit Ganesh befindet. Gyan wird wütend, schreit Deepak an, er soll nun endlich seine Arbeit machen und beginnt ihn schließlich zu würgen. Augenblicklich erscheinen zwei weitere Schauspieler, die Polizisten-Rollen improvisieren und die beiden abführen.

Mahesh erkundigt sich bei den Zuschauenden, ob dieser Weg möglich sei, worauf diese verneinen und alternative Wege suchen. Ein Mann macht einen Handlungs-vorschlag für Bishnu, woraufhin Gyan auf ihn zugeht und ihn mit auf die Bühne nimmt, damit er ihn besser verstehen könne. Der Zuschauer und Gyan versuchen gemeinsam mit Deepak zu sprechen, um ihn zu überzeugen, zusammen zu Rajendra zu gehen. Deepak geht mit und spricht gemeinsam mit den beiden Dorfleuten mit dem Chef Rajendra. Dieser bleibt jedoch unbeeindruckt.

Die anschließende Diskussion wird relativ unübersichtlich. Mahesh versucht das Gesagte jeweils laut zu wiederholen, der Geräuschpegel ist jedoch zu hoch, um alle Sprechenden zu verstehen. Die letzten beiden Interventionen heben sich nur wenig von den Diskussionen ab, da einzelne Zuschauer auf die Bühne kommen und hitzig neben und mit den Schauspielenden debattieren und dabei sich selbst und nicht eine theatralische Rolle darstellen. Das Kachahari zerfällt in verschiedene Kleingruppen, in denen jeweils 1-2 Mitglieder der Theatergruppe Streitgespräche mit mehreren

---

[65] Leider ist die Tonbandqualität des Diskussionsteils dieses Auftritt extrem schlecht, da er sehr hitzig und durcheinander verlief und die Hintergrundgeräusche relativ laut waren; deshalb liegt keine detailgetreue Transkription der Interaktion mit dem Publikum vor, sondern lediglich ein stichpunktartiges Gedächtnisprotokoll.

Zusehenden führen. Die Stimmung ist aufgeladen, teilweise interessiert, teilweise vorwurfsvoll, und erst nach etwa 30 Minuten ebben die Diskussionen langsam ab.[66] Die Schauspielenden bekommen von den verschiedensten Seiten viel Lob für ihren Auftritt und verabschieden sich schließlich.

5.5. Analyse und Interpretation der Fallbeispiele

Nach der deskriptiven Darstellung der Abläufe werden nun die zentralen Stilmittel und gesellschaftspolitischen Aussagen der jeweiligen Auftritte herausgearbeitet.

Analyse 1: Gender

Das Kachahari zu *gender* wird von der Theatergruppe als sehr erfolgreich verlaufener Auftritt bewertet, da es einer Gruppe von Frauen aus dem Publikum gelingt, den männlichen Unterdrücker so zu bedrohen, dass dieser tatsächlich Angst bekommt und gezwungen ist, sich zu beugen. Für die Entwicklung der Modellszene ist das Element des Humors zentral, das es den Zuschauenden ermöglicht, in Distanz zu dem von ihnen betrachteten Geschehen zu treten und damit den nötigen Reflexionsspielraum zu erhalten. Dietlinde Gipser schreibt dem Lachen eine „erkenntnisgewinnende Funktion" zu, durch die das „Durchschauen unterdrückender Zusammenhänge" ermöglicht wird:

> „Wird eine Unterdrückungssituation szenisch zu bedrohlich dargestellt, so dass keinerlei Lachen möglich ist, kann sie lähmend wirken und Resignation verbreiten. Gemeinsames Lachen setzt dem etwas entgegen, es regt die Phantasie an und kann zu gemeinsamen Problemlösungsentwürfen führen."
> (GIPSER 2004, S.21)

Das Verständnis für die Situation der ohnmächtigen Amita wird dem Zuschauenden durch witzige Dialoge zu vermitteln versucht. Der Freund des Ehemanns Bishnu rechtfertigt seinen morgendlich angetrunkenen Zustand ihr gegenüber damit, dass er aufgrund seiner traditionellen Verpflichtungen zu trinken habe: *„Siehst du, alle sagen, man muss dienstags trinken. Nur deshalb habe ich ein wenig getrunken...".* Durch seine scherzhafte Begründung, dass an Dienstagen das Trinken vorgeschrieben sei, bezieht er sich mit Ironie auf die vielen traditionellen Regeln, die den nepale-

---

[66] Im Nachhinein wurde mir berichtet, dass es bei den Diskussionen überwiegend um die Beschwichtigung aufgebrachter Schreiber ging, die sich in der Rolle des „Schwarzen Peters" dargestellt gesehen hatten.

sischen Lebensalltag strukturieren. Amita argumentiert, dass er schon erwachsen sei, bald heiraten werde und deshalb vernünftig sein solle. Sie appelliert daran, dass er doch ihre Probleme verstehen solle, sie müsse die Haus- und die Feldarbeit alleine erledigen und auch noch ihrer Erwerbsarbeit nachgehen. Bishnu blockt dies mit der scherzhaften Floskel, dass das gegenseitige Verständnis bestimmt sehr wichtig sei, ab. Die anfangs noch schlagfertige Amita bemerkt, dass sie die Männer verbal nicht überzeugen wird und resigniert. Als ihr Ehemann beginnt, sich ihre Mitgift anzueignen und die Forderung nach den 200 Rupie stellt, verzweifelt sie. Die Tatsache, dass sich Gyan völlig selbstverständlich eines von Amitas Hühnern nimmt, ist hier ein deutliches Zeichen für seinen mangelnden Respekt ihr gegenüber.[67] Er erklärt sich ihr gegenüber in ironischen Späßen. Auf ihre Frage, wo er denn am frühen Morgen hin wolle, sagt er: *„Zum Department für Straßenbau für einen Job"*. Ungläubig erkundigt sie sich: *„Seit wann?"* und ergänzt: *„Vor ein paar Tagen hast du erzählt, du würdest zur Department für Bergbau (khaani bibhag) gehen"*. Gyan kontert: *„Ich muss gehen, manchmal zum khaani (Bergbau) Department, manchmal zum paani (Wasser) Department. Beförderungen passieren nun mal normalerweise"*. Hier spielt er mit den Bedeutungen von Worten, was in der nepalesischen Sprache sehr verbreitet ist. Durch die Doppeldeutigkeit der Worte *khaani* (Nepali: Essen, Miene) und *paani* (Nepali: Wasser, Trinken) und seinen schmunzelnden Gesichtsausdruck macht er deutlich, dass seine Arbeitssuche nicht ernst gemeint ist und er lediglich bis zur nächsten Kneipe gehen wird. Als er im Anschluss die 200-300 Rupie von ihr fordert, beginnt sie zu klagen, womit sie ihre Machtlosigkeit ausdrückt. Bishnu ergreift Partei für Amita, indem er Gyan gegenüber bemerkt, dass sie wütend sei, weil er nicht arbeite und sie immer anschreien würde. Gyan ruft aufgebracht: *"Hey! Ich arbeite nicht?! Du erzählst Haushaltsangelegenheit an irgendwelche anderen Leute?!"*

Mit seiner Formulierung `Haushaltsangelegenheiten´ bezieht sich Gyan auf den `privaten´ Bereich, der sich von der Gesellschaft insofern abgrenzt, als dass diese darin nicht mitzureden habe. Darüber hinaus verlangt er hier indirekt von Amita, dass sie niemandem von seinen gewaltsamen Übergriffen erzählen dürfe. Damit umreist er den Grundkonflikt des Themas der `häuslichen Gewalt´, welches durch seine Zuordnung zu dem privaten Bereich oftmals als gesellschaftlich nicht verhandelbares

---

[67] In Nepal besitzen nur die wenigsten Frauen eigenes Land und sie sind ökonomisch stark von ihren Ehemännern abhängig. Die Mitgift ist jedoch der Besitz, der ihnen von ihren Eltern meist in Form von Schmuck oder Nutztieren vermacht wird und den sie ihr ganzes Leben selbst verwalten dürfen. Er stellt ihre einzige Existenzsicherung dar und hat damit eine zentrale Bedeutung.

Thema betrachtet wird. Amita geht auf seinen Vorwurf nicht ein, sondern jammert weiter, er solle für das Geld Lebensmittel nach Hause bringen. Gyan willigt ein und zählt die benötigen Waren auf und ergänzt ironisch: *„Soll ich auch Süßigkeiten bringen?"*, womit er sich über ihre Überlebensängste lustig macht.

In dieser Sequenz wird deutlich, dass Amita die Rolle der „Brotverdienerin" innehat, die das knappe Geld für die Reproduktion der Familie gewissenhaft zu verwalten sucht. Ihr Ehemann dagegen scheint keinerlei Verantwortung für die Familie übernehmen zu wollen. Das Problem der Nahrungsmittelknappheit ist in vielen Familien der Slumgebiete verbreitet und wird gemeinhin als *„bihaana ra belukako samasyaa"* (wörtlich: das Problem von morgens und abends) umschrieben. Macht- und Herrschaftsdimensionen im Geschlechterverhältnis spielen in der Verteilung von Lebensmitteln eine große Rolle, was besonders dadurch deutlich wird, dass überwiegend Frauen von Unter- und Mangelernährung betroffen sind, obwohl sie diejenigen sind, die die Speisen zubereiten.

Interessant ist der Einsatz des Stilmittels des Humors auch in der zweiten Szene, in der die Schauspielenden ihre Verwendung von englischen Worten scherzhaft kommentieren. Auf Bishnus Aussage: *„Das Spiel sollte *fair* sein"*, ruft einer der Kartenspieler aus: *„Sieh an, er beginnt sogar Englisch zu reden!!"*, worauf Bishnu zugibt, dass er ein klein wenig Englisch beherrsche und ergänzt: *„Sogar unserer Kinder sprechen heutzutage Englisch, warum sollten wir also nicht?"* Dieser Dialog ist sehr aussagekräftig für das Spannungsfeld zwischen Tradition und Moderne im Bereich des Sprachgebrauchs. Wie schon in 2.3. ausgeführt, werden insbesondere von Jugendlichen und von den Angehörigen der nepalesischen Mittelschicht zunehmend englische Wörter in die nepalesische Satzstruktur eingebaut. Auch die Schauspielenden von Aarohan machen dies, teils bewusst, teils unbewusst. Die versuchen es jedoch bei ihren Aufführungen zu vermeiden oder setzten es, wie das Beispiel veranschaulicht, als gezieltes Bild für den Einfluss der westlichen Welt ein. Der Schauspieler Gyan bemerkt an anderer Stelle: *„Ich mag es Englisch zu sprechen, wenn ich betrunken bin."* und entschuldigt sich damit indirekt beim Publikum für seine zuvor geäußerten modernen Spracheinflüsse.

Die inhaltliche Zuspitzung des Konflikts stützt sich auf die Kernfrage, wie Gleichstellung zwischen Männern und Frauen verwirklicht werden kann. Dadurch, dass Mahesh die Frage aufwirft, wie Gyan zu mehr Mitarbeit für den Haushalt gebracht werden soll, ergreift er - ganz im Sinne des `Theaters der Unterdrückten´ - von vornherein Partei für die unverhältnismäßig hart arbeitende Amita. Gyan eignet sich jedoch bei der ersten Intervention, in der er „überzeugt" werden soll, die Rhetorik der Gleichstellungsargumentation an und sagt:

> „Oh! Du redest also so viel, nur weil ich Alkohol mit deinem Geld getrunken habe! Du selbst sagst doch, dass Männer und Frauen gleich sind. Ich habe in diesen Tagen keine Arbeit und musste deshalb dein Geld ausgeben, weshalb du versuchst mich schlecht zu machen."

Auch an späterer Stelle, als ihm die Frauen aus dem Publikum auf der Bühne zur Rede stellen, erklärt er:

> „Ich habe mich um sie gekümmert, als ich viel Einkommen hatte, muss nicht sie sich um mich kümmern, wenn sie heutzutage verdient? Mann und Frau sind gleich."

Interessant ist, dass auf diese durchaus provokanten Aussagen nicht mit direkten Widerspruch reagiert wird. Niemand im Publikum sagt, dass die beiden nicht gleich wären, bzw. dass Frauen in Nepal auf keiner gesellschaftlichen Ebene gleichgestellt sind. Vielmehr wird seine Argumentation von einer jungen Zuschauenden zunächst bestätigt, jedoch durch den Hinweis auf das gewalttätiges Verhalten in Frage gestellt:

> „Ja, du hast recht, Männer und Frauen sind gleich. Aber, als Frau, hat sie dich denn jemals dadurch belästigt, dass sie Alkohol trinkt und dich schlägt, wie du es tust?"

Gyan gibt zu, dass sie das nie getan hätte, worauf die Zuschauende sagt: „Na dann! Du musst dich auch in der selben Art und Weise verhalten.". Mit dieser moralischen Zurechtweisung verliert Gyan seine Überzeugungskraft. Zunehmend in die Ecke gedrängt weist er darauf hin, dass seine Freunde ihn eingeladen hätten, er ja auf der Suche nach Arbeit wäre (was von Amita angezweifelt wird) und dass Mann und Frau doch manchmal streiten *müssten*. Die Zuschauerinnen gewinnen jedoch die Oberhand und beginnen ihn zu beschimpfen und zu bedrohen, bis er schließlich aufgibt. Dieser Triumph hat dahingehend große Bedeutung, als dass der Schauspieler Gyan ein Brahmane ist, der von Frauen niedrigerer Kastenzugehörigkeit überraschend in seine Schranken gewiesen wurde[68]. Damit durchbrechen die „zuschau-spielenden" Frauen die Wirkungsmacht von zwei zentralen und verwobenen Unterdrückungskategorien

---

[68] Die Schauspielenden waren über die Vehemenz der Frauengruppe sehr erstaunt. Nachdem wir wieder in der Schule angekommen waren und einige der SchauspielerInnen mein Tonband noch einmal abhörten, kommentierten sie Gyans Rolle, als „zu höflich" gespielten Charakter, der zu leicht zu überzeugen gewesen sei.

Gender und Kaste im Prozess ihrer symbolischen Handlung auf der Bühne, was als großer Erfolg gewertet werden kann.

Der Joker hat sich in dieser Kachahari-Aufführung als weitgehend „neutraler" Vermittler des Geschehens eingebracht. Zwar manipuliert er den Prozess dahingehend, dass er selbst die Modellszene analysierend rekapituliert und die zentralen Fragen vorgibt (was der Theorie nach auch vom Publikum geleistet werden sollte), dennoch gelingt es ihm eine offene Atmosphäre zu schaffen, in der viel partizipiert wird. Interessant ist, dass ausschließlich Frauen sprechen, die sich sonst in der nepalesischen Öffentlichkeit sehr wenig artikulieren. Wegen der gleichzeitigen Äußerungen verschiedener Vorschläge kann Mahesh nicht alle Anregungen aus dem Publikum für die theatralische Umsetzung berücksichtigen, wobei er den Vorschlag, der Gewalt beinhaltet („*jetzt braucht er Schläge hinter geschlossener Tür"*), bewusst überhört (siehe S.119-123). Er beschließt das Spiel zu beenden, nachdem Gyan sich ergibt, obwohl es noch andere Vorschläge zu geben scheint. Die Tatsache, dass eine Lösung gefunden wurde, die das Publikum für realistisch hält, genügt ihm, um den Prozess abzuschließen.

Abschließend bleibt anzumerken, dass diese Slumgemeinde ein Ort ist, in dem sich eine Frauengruppe sehr stark lokal und regional organisiert hat und die weiblichen Aktivistinnen großen Einfluss auf die Siedlung ausüben. Das Thema der häuslichen Gewalt scheint hier nicht zum ersten Mal verhandelt worden zu sein, da uns sogar von einer lokal etablierten Sanktionsform dafür berichtet wird. Die Anwesenheit der sehr emanzipierten Frauen hat sicherlich entscheidend zu dem erfolgreichen Verlauf des Auftritts beigetragen.

Analyse 2: Alkoholabhängigkeit

Der inhaltlich sehr ähnliche Auftritt zum Thema *„raksi"* unterscheidet sich in seiner Präsentation und Außenwirkung, so wie im gesamten Verlauf erheblich von dem *gender*-Auftritt. Im Gegensatz zum ersten Fallbeispiel entstand hier große Unzufriedenheit und Frustration beim Publikum und die Theatergruppe wurde, wenn auch verhalten, von vielen kritisiert. In einem am nächsten Tag geführten Interview mit der Zuschauerin Anita bemängelt diese, dass der Auftritt keinen positiven Ausgang gezeigt und dass die Gruppe keine Lösung anzubieten hatte, mit der sie das Publikum *belehren* könnte:

> *„...aber es wurde nicht gezeigt, was er [der Trinker] nach seiner Besserung gemacht hat. Das hätte auch in die Realität des Theaters aufgenommen werden sollen! Es wurde nur seine Abhängigkeit gezeigt, das hat mich überrascht. Es sollte darin vorkommen, was ein Abhängiger tun sollte. Sie kommen für *awareness*, aber von dem gestrigen Theater haben sie wenig *awareness* bekommen, sie konnten die Lösung nicht finden."* (Anita, Zuschauerin)

Ferner berichtet sie aufgebracht davon, dass jene Frauen in der Gemeinschaft, die von ihren Männern geschlagen werden, schwach sind, ihre Situation stillschweigend erdulden und sich nicht dagegen auflehnen:

> *„Da gibt es immer noch Schwäche bei den didis (Nepali: Schwestern) [...] Obwohl sie geschlagen und verletzt wurden, protestieren sie nicht und würden einfach am nächsten Tag arbeiten gehen. Wir empfehlen ihnen immer: `Macht ihr denn gar nichts, noch nicht mal wenn ihr so viel geschlagen werdet?!´ Dann sagen sie: `Was tun (ke garne)? Er kam und schlug plötzlich zu.´ Sie bleiben ein-zwei Tage weg, weil sie wütend auf den schlagenden Ehemann werden. Sie arbeiten, wohnen und essen in einem Nachbarhaus ein-zwei Tage, und dann gehen sie wieder zu ihrem eigenen zu Hause. Die didis aus dieser Region machen es so. Sie kehren zurück und vergessen die Schläge des Ehemanns innerhalb von drei-vier Tagen. Dann fängt dieselbe Beziehung von vorne an, die selbe Sache wiederholt sich wieder..."* (Anita)

Während bei dem ersten Fallbeispiel viel mit Humor gearbeitet wurde, dominiert bei der Modellszene in Dharan eine dramatische Grundstimmung der Hoffnungslosigkeit und bestätigt dadurch die resignierte Einstellung vieler betroffener Frauen. Die Unterdrückung der Ehefrau Meena wird schonungsloser gezeigt als die von Amita, indem der erste Auftritt des Ehemanns hier bereits im betrunkenen Zustand erfolgt und es noch *innerhalb* der vorgespielten Szene zum ersten gewalttätigen Übergriff kommt. Zudem ist die Nahrungsmittelknappheit der Familie viel drastischer dargestellt als in dem *gender*-Auftritt, so dass der Sohn auf seine Fragen: *„ Mama, hast du keinen*

Reis gekocht?" heftige Vorwürfe zu hören bekommt und es während des gesamten Theaterstücks, dessen Szenen sich über zwei Tage erstrecken sollen, kein Essen gibt. Meena scheint völlig am Ende ihrer Kräfte zu sein und nicht mehr zu wissen, wie sie alleine die Ernährung der Familie sichern soll: *„Was sollte ich tun? Du hast verdient und getrunken. Sollten wir an Hunger sterben?"* Auf diese provokante Frage reagiert Ram mit Wut und schlägt sie zu Boden. Ihr Weinen und Klagen steigert sich in pure Lebensüberdrüssigkeit: *„Es wäre eine Erleichterung wenn [ich] tot [wäre]"* und *„Ohh Gott! Wann wird der Tag der Erleichterung kommen?"* Die Darstellungen ihrer ausgeprägten Verzweiflung erweckt große Beklemmung unter den Zuschauenden, die sich durch lautes Lachen an gewaltsamen Szenen entlädt. Diesem Lachen ist nur sehr schwer ein „subversiver Charakter" (GIPSER 2004, S.21) zuzuschreiben, durch den der Unterdrücker in Frage gestellt werden könnte. Genauso wenig handelt es sich jedoch dabei um Schadenfreude. Insbesondere an der Stelle, an der der Joker innerhalb der Gewaltausübung des Ehemanns die Szene stoppt, wird deutlich, wie das Lachen hier den Charakter eines Ventils zu haben scheint, durch das versucht wird die Distanz zur Realität aufrechtzuerhalten. Die Unterbrechung durch Gopal erwirkt einen abrupten Stimmungswechsel von Lachen zur absolut ernsten und beklemmten Stille, so dass die Vermutung nahe liegt, dass es sich nicht um einen Ausdruck ausgelassener Freude gehandelt haben kann, sondern um eine Strategie der Selbstabgrenzung vom theatralischen Geschehen.

Anhand dieses Fallbeispiels wird deutlich, wie der Joker durch seine Schlüssel-stellung im Interaktionsprozess diesen manipulieren kann. Am offensichtlichsten wird dies bei seinem Umgang mit dem Vorschlag, Amita solle ihren Mann verlassen. Nachdem Gopal diesen beim ersten Mal bewusst oder unbewusst überhört, wieder-holt er ihn beim zweiten Mal laut für das Publikum, um andere Meinungen dazu zu-hören, anstatt den Vorschlag direkt an die SchauspielerInnen weiterzuleiten und theatralisch umsetzen zu lassen. Nachdem sich eine zweite Frau aus dem Publikum relativierend dazu äußert, wiederholt er ihre Worte: *„Für eine Weile, für eine Weile, sie sagt, den Mann für eine Weile zu verlassen löst das Problem"*. Als dann jedoch eine weitere Frau ihren Pessimismus im Bezug auf die Lösung durch das kurzzeitige Verlassen einwirft, lässt sich Gopal auf andere Stimmen aus dem Publikum ein und entscheidet sich für die Intervention, in der der Ehemann im nüchternen Zustand „überzeugt" werden soll. Nachdem auch diese Intervention scheitert, wiederholt Gopal die Meinung einer Frau: *„Sie sagt auch, wenn der Ehemann den Alkohol nicht (ver)lässt, dann soll die Ehefrau die Familie verlassen"*. Anstatt diesen Vorschlag szenisch umsetzen zu lassen, fügt er hinzu: *„Was sagt ihr? Habt ihr andere Wege, die besser sind als dieser? Sagt, sagt etwas"*.

Dadurch bewertet Gopal das Gesagte als etwas, wozu es „bessere" Ideen geben könnte und eröffnet den Raum für andere Beiträge. In einem durcheinanderlaufenden Stimmengewirr wird die resignierte Meinung lauter *„Da gibt es keinen Weg"*. Um der Resignation entgegenzuwirken, lenkt Gopal schließlich ein und sagt: *„O.k., hört zu, die meisten von Euch sagen, es ist gut, den Ehemann zu verlassen?"* und macht die Frage damit zu einer Mehrheitsentscheidung, anstatt sich auf die Seite der Minderheit zu stellen. An diesem Punkt missbraucht der Joker seine Entscheidungsmacht, indem er zu einem gesellschaftlich extrem sensiblen Themenfeld (die Unabhängigkeit der Frau) eine mehrheitsfähige Position einfordert. Wie zu erwarten, werden nun leise Meinungen für das Verlassen und lautere Stimmen dagegen geäußert und er entscheidet sich dafür, die Gegenstimme einer Frau laut zu wiederholen: *„sie sagt, dass es nicht gut ist den Mann zu verlassen? Was sollen wir dann machen?"* Die Debatte zu diesem Thema wird letztlich damit beendet, dass weitere Vorschläge in andere Richtungen kommen und sich die wenigen Frauen, die für das Verlassen plädierten, nicht mehr zu Wort melden. In einem Interview erläutert mir Anita am nächsten Tag ihre Abneigung gegen das Verlassen des Mannes:

> *"Weil es (Verlassen) nicht gut ist, nur wegen des Alkohols. Wohin gehen, wenn sie ihn verlässt? Sie sollten kooperieren in tragischen wie in glücklichen Zeiten. Ein Mensch kann viel Glück bringen nach seiner Besserung. Er sollte nicht wegen so einer kleinen Sache verlassen werden. Wenn das gut wäre, könnten Tausende [ihre Männer] verlassen. Ich denke, es ist nicht gut zu verlassen. Um ihn auf den richtigen Weg zu bringen, sollte man andere Wege finden."*
> (Anita, Zuschauerin)

Die Tatsache, dass häusliche Gewalt für „Tausende" allgegenwärtig ist, scheint für sie ein stichhaltiges Argument dagegen zu sein, die Beziehung aus diesem Grunde zu beenden. Ihre Aussage steht in Widerspruch zu ihrem kurz davor geäußerten Unverständnis darüber, warum die Frauen sich nicht zu Wehr setzen. Sie lässt sich jedoch mit einer, von vielen Frauen geteilten, fatalistischen Grundeinstellung im Bezug auf die Möglichkeit der Scheidung erklären:

> *„Was tun (ke garne)? Ehemann und Ehefrau werden sowieso vereinigt. Sogar wenn es an einem Tag eine Auseinandersetzung gibt, kommen sie am nächsten Tag wieder zusammen."* (Anita)

Auch die Zuschauerin Maya äußert sich in ähnlicher Weise zu diesem Thema, als ich sie fragte, welche Lösungsangebote ihr für das Problem gut erscheinen:

"Mir gefiel der Weg der Überzeugung. Wenn wir sein Bein brechen, würde das noch mehr Probleme schaffen. Ehemann und die Ehefrau können nicht getrennt leben. Deshalb ist es besser, ihn auf eine gute Art zu überzeugen."
(Maya, Zuschauerin)

In einem Interview mit einer Fabrikarbeiterin in Kathmandu veranschaulich diese die Abhängigkeit in der Ehe durch ein Sprichwort:

„[...] weil wir Wasser nicht durch die Nase trinken können, wenn wir keinen Mund haben. Der Ehemann ist also der Kopf der Familie. Wenn es keinen Ehemann gibt, fühlen wir uns so, als könnten wir gar nichts tun."
(Priya, Zuschauerin)

Es wird deutlich, dass es unter den Zuschauenden in Dharan den ausgeprägten Wunsch gibt, die Vorschläge aus dem Theater direkt auf ihre Realität zu übertragen, während in Kathmandu die Sanktionsmöglichkeiten aus der realen Erfahrung auch im Theater präsentiert wurden. Die Befragten machten in den Interviews keine Unterscheidungen zwischen den Handlungen im theatralischen Raum und denen, die im eigenen Leben getätigt werden. Aus diesem Grunde wollen die Zuschauenden Lösungen gezeigt bekommen und dadurch *belehrt* werden, bzw. sie wollen, dass gewisse Leute ihrer Siedlung *überzeugt* werden:

"Wir mochten das Theaterstück und wir sind bereit den Vorschlägen, die von ihnen gemacht wurden, zu folgen, aber was können wir tun, wenn sie (die Trinker) sich nicht selbst bessern wollen?" (Maya, Zuschauerin)

Anita erzählt, wie sie nach dem Theater versuchte, einen der Trinker von ihrer Lösung seines Problems zu überzeugen und ihm sagte, dass das Theater für und wegen ihm stattfand. Dies habe jedoch zu nichts geführt:

"Ich sagte: 'Du trinkst, aber reduzierst die Menge Schritt für Schritt und trinkst weniger. [...] Diese Art von Theater wurde für dich gezeigt, damit du richtige *awareness* bekommst. Jetzt lernst du also, du solltest es verstehen.'"
(Anita, Zuschauerin)

Es wird klar, dass sie das Theater für eine lehrende Institution hält, durch die Einfluss auf die Trinkenden genommen werden soll. Auch von einigen alkoholtrinkenden Männern ist dies so wahrgenommen worden. So berichtet mir der Ehemann von Gunmaya, was er nach dem Auftritt gehört habe:

„Jemand aus dem Publikum sagte: 'Wir trinken seit der Geburt, bekommen es mit der Geburt. Es (das Theater) wurde gegen uns gezeigt."
(Ehemann der Zuschauerin Gunmaya)

Um diesem Gefühl der Manipulation und der Kritik traditioneller Handlungen durch die Schauspielenden etwas entgegenzusetzen, wählten einige Männer die Strategie, sich nach dem Auftritt über die Lehren des Theaters lustig zu machen: *"Er erzählte: 'Ohhh, so sollte die Frau also geschlagen werden, jetzt habe ich gelernt, so muss man schlagen.'"* (Gunmaya). Gunmaya trat nach dem Auftritt an einen der Männer heran, welcher seine Frau „immer schlage" und sogar schon heißen Reis und Currygemüse nach ihr geworfen habe und berichtet mit einer gewissen Zufriedenheit darüber, dass dieser sich im Theater gespiegelt sehen konnte:

> *"Ich fragte ihn: 'bhai[69]! Wie hast du dich gefühlt, haben sie so gespielt wie es in Wirklichkeit ist? Hast du es so empfunden, wie du es selbst machst, oder? Er sagte: 'Ich fühlte mich genau so, didi, ganz genau'"* (Gunmaya)

Der Wunsch, die Trinker durch das Theater aufzurütteln und vom moralisch richtigen Verhalten *zu überzeugen*, ist bei den zuschauenden Frauen und bei einigen Schauspielenden sehr ausgeprägt. Auch die Schauspielerin Laxmi versucht im Anschluss an das Stück auf einen betrunkenen Anwohner einzureden.

Im Gegensatz zum ersten Fallbeispiel werden hier vom Publikum keine wirklichen Sanktionen angedroht. Vielmehr entsteht Frustration, nachdem gezeigt wird, dass sich Gyan auf freundliche Art nicht überzeugen lässt und auch der Vorschlag, ihn zu verlassen, nicht durchkommen kann.

Interessant ist, dass die Hauptcharaktere Meena und Ram ihre Kleidung für den Auftritt anpassten, um eine größere Identifizierungsmöglichkeit des Publikums zu gewährleisten. Obwohl Meena aus Versehen, einmal den englischen Begriff „tension" verwendet, wenn sie ihre Situation beklagt: *"Die ganze Zeit habe ich *tension*"*, gelingt es ihr, die Zuschauenden in ihrer Rolle zu überzeugen. Die Zuschauenden sehen sich und ihre Probleme auf der Bühne dargestellt, sind sich jedoch auch darüber bewusst, *wer* sie da spiegelt. Die Hierarchie zwischen Schauspielenden und Zuschauenden trägt hier entscheidend zu dem Ohnmachtgefühl des Publikums bei, welches glaubt, die gebildeten Schauspielenden müssten eine Lösung für ihre Probleme haben und am Ende fassungslos sind, als das Theaterstück ohne Lösung abgebrochen wird:

> *"...als die Frauengruppe geholt wurde, funktionierte es nicht, wenn man [ihn] in Polizeigewahrsam nehmen würde, würde sie selbst in Probleme geraten; welche Lösung könnte ausgeführt werden? Es ist schwer zu sagen. Ich fand es*

---

[69] Anreden wie *bhai* (kleiner Bruder) und *didi* (große Schwester) sind in der direkten Ansprache in Nepal sehr verbreitet und verweisen nicht auf „echte" Verwandtschaftsbeziehungen.

ein wenig schwierig zu sagen, weil ich dachte, dass ihr (die Theatergruppe) mehr Wissen habt. " (Anita, Zuschauerin)

Anita äußert an dieser Stelle den Vorschlag des polizeilichen Gewahrsams, den sie während des Auftritts nicht machte, vermutlich, weil sie ihn selbst zu pessimistisch beurteilte. Entgegen den eigentlichen Zielen des Forumtheaters wirkt sie nach dem Auftritt noch entmutigter und handlungsunfähiger als zuvor.

Analyse 3: Drogenmissbrauch
Wie auch bei den ersten beiden Auftritten wird Machtlosigkeit in dem dritten Kachahari überwiegend durch direktes Klagen und Jammern dargestellt. Dies wird von Ramji sehr stark überspitzt präsentiert, wodurch er für großes Gelächter sorgt. Immer wieder spricht er in Monologen von seinem hohen Alter, seinen Bewegungs-schwierigkeiten und begründet damit seine Unfähigkeit zu handeln auf eine Art und Weise, die bei dem Publikum über das Medium des Humors einerseits Empathie er-zeugt und ihnen andererseits die Abgrenzung von ihrem eigenen Leben ermöglicht. Mit seinem lauten befehlenden Tonfall, mit dem er seiner Frau sagt, sie solle ihm Tee bringen, wirkt er auf mich jedoch nicht machtlos, sondern vielmehr fordernd und latent gewalttätig. In einem späteren Gespräch erklärt mir der Schauspieler Ramji, dass ich dies missverstanden habe und dass sie eine „normale nepalesische Ehe" dar-gestellt hätten. Er habe nur laut geschrieen, würde seine 30-40 Jahre jüngere Frau Uma jedoch gut behandeln. Dieser von mir als problematisch empfundene Aspekt der Szene habe so folglich lediglich der besseren Identifikation der Zuschauenden mit dem Gespielten gedient. Außer Frage steht, dass das Forumtheater, um die Wirkung der Wiedererkennung zu erzeugen, punktuell auch Strukturen reproduziert, die es ei-gentlich verändern will. An dieser Stelle schien es mir jedoch so, als würde die Art und Weise wie Machtverhältnisse dargestellt werden (verbale Gewalt in einer extrem ungleichen Ehe) nicht reflektiert und eine „Normalität" reproduziert, die selbst Inhalt eines Kachaharis sein könnte.

Obwohl bei diesem Auftritt im Vergleich zu Dharan die Zufriedenheit des Publikums groß zu sein schien, kommt es zu ähnlichen Problemen zwischen Schauspielenden und Zuschauenden. Auch hier sehen viele Zuschauende das Kachahari-Theater als eine lehrende moralische Instanz und nicht als einen neutralen Verhandlungsraum des sozialen Problemfelds des Drogenkonsums. So teilt ein vermutlich im Feld der Sozialarbeit aktiver Mann den anderen Zuschauenden gegen Ende der Aufführung seine Bewunderung für die Theatergruppe wie folgt mit:

> *"Ich habe gehört, dass es eine Institution gibt, die Gurukul heißt; und dass diese Institution nach Shanti Nagar kam und ein Theaterstück zeigte. Nachdem sie dieses Stück gezeigt haben, wurden einige Eltern bewusster und erhielten Wissen. [...] Und dieses Theater beeindruckte die junge Generation, weil sie ihr Verhalten gestoppt haben. Der Freund meines Freundes von Shanti Nagar hat es mir erzählt. Diese junge Generation wurde also *aware* [...] Gurukul ist eine sehr gute Bildungsinstitution, wir müssen also alle kommen und ihnen zuhören."* (Zuschauer im Kachahari 3)

Für ihn ist die Theaterschule Gurukul deshalb eine *„sehr gute Bildungsinstitution"*, weil die die junge Generation durch sie *awareness* erlangt. Er plädiert dafür, dass alle diesem Beispiel folgen und sich belehren lassen sollten. Diese Wahrnehmung, dass Bildung und Empowerment von außen angeregte Prozesse sind, ist eine typische Konsequenz aus Erfahrungen mit konventionellen Entwicklungsprojekten und basiert auf dem bereits dargestellten Prozess der „Colonialisation of Minds" (siehe S.47-49).

Es wird deutlich, wie sich der Zuschauerraum bei diesem Kachahari zweiteilt in eine Gruppe der Betroffenen und Engagierten und eine andere, die weniger interessiert ist und im zunehmend unübersichtlich werdenden Diskussionsprozess den Aufführungsort verlässt. Die Engagierten, welche in diesem Falle Lehrer und Sozialaktivisten des Ortes sind, könnte man mit dem von Pigg geprägten Begriff der „cosmopolitan villagers" (siehe S.49) bezeichnen. Sie haben einen normativen Entwicklungsgedanken verinnerlicht und wollen sich von den traditionell denkenden `anderen´ Dorfbewohnern abheben bzw. wollen diese unterrichten. Die Aussage: *„Nachdem sie dieses Stück gezeigt haben wurden einige Eltern bewusster und erhielten Wissen"*, ist charakteristisch für die von Fujikura (2001) kritisierte Wirkungsmacht der AwarenessDiskurse, die dazu führen, dass traditionelles und lokales Wissen abgewertet werden (siehe S.48). Bemerkenswert ist in diesem Zusammenhang, dass das Publikum den Vorschlag, einen *Thulo manchhe* als Respektsperson zu Rate zu ziehen, äußert, was der traditionellen Form der Streitschlichtung entspricht. Die SchauspielerInnen präsentieren diese Handlungsoption als einen scheiternden Versuch, weil der von ihnen gespielte *Thulo manchhe* keinen Einfluss auf Birke nehmen kann. Die Theatergruppe entscheidet, dass der lokale *leader* in diesem Bereich keine Überzeugungsmacht besitzt und verstärkt damit ihre Darstellung des Spannungsverhältnis zwischen den Eltern und der modernen Jugend, die die traditionellen Obrigkeiten nicht anerkennt.

Da die SchauspielerInnen selbst zwischen 20 und 29 Jahre alt sind, werden sie von den Eltern im Publikum als Vermittler zwischen ihnen und ihren Kindern angesehen. Da die meisten SlumbewohnerInnen wenig Informationen über Drogen und die Gefahren der Abhängigkeit haben, nimmt die Herangehensweise der SchauspielerInnen eher den Charakter von *street work* an. In seinen regelmäßigen Kampfsportunterricht erklärt Mahesh den Jugendlichen neben den Karate-Übungen auch, wie wichtig es ist, körperlich aktiv zu sein und wie schlecht der Drogenkonsum für die Gesundheit wäre.

Die Tatsache, dass in der Gemeinde schon vermehrt zu dem Thema Drogen gearbeitet wurde, wird im Kachahari daran ersichtlich, dass es bei den ersten Vorschlägen nicht zu der sonst üblichen Formulierung von Wunschvorstellungen, wie: `der Sohn soll aufhören Drogen zu nehmen´ kommt. Vielmehr werden direkt konstruktive Handlungsoptionen, wie die Einlieferung in ein Rehabilitationszentrum angeboten, welche von erheblichen Vorwissen zeugen. Durch die in diesem Slum mehrmals in ähnlicher Form aufgeführten Kachaharis zum gleichen Thema bekommen die im theatralischen Raum vermittelten Einsichten den Charakter von Schulveranstaltungen. Schon während der Aufführung wird von einem älteren Mann die Vermutung geäußert, dass die Theatergruppe mehr wisse als das Publikum und sagen solle, was zu tun sei. Es gelingt den Schauspielenden somit nicht, dem Publikum glaubhaft als `neutrale´ und `unwissende´ Akteure gegenüberzutreten. Die betroffene Mutter, die erst am Ende der Aufführung zaghaft zu den Schauspielenden kommt und sagt, dass sie *„dieses Problem"* mit ihrem Sohn habe, wartet die Aufführung ab, um die Schauspielenden zu fragen, was sie denn tun könne. Hier wird durch die Empfehlung von Mahesh (der Sohn solle zum Kampfsport kommen) deutlich, dass er seinen Sportunterricht als Weg aus der Drogensucht begreift. Das Kachahari-Theater dient für ihn in diesem Falle - ganz im Brecht'schen Sinne - dem Ziel der `Bewusstwerdung´ und nicht der `Dynamisierung´ der Zuschauenden.

Analyse 4: **Korruption**

Auffällig ist zunächst, dass die Schauspielenden selbst den Auftritt zum Thema Korruption als große Herausforderung empfinden. Dies wird daran deutlich, dass sie viel besser vorbereitet sind als sonst (z.B. im Hinblick auf Kostüme für die Hauptrollen) und mehr von ihnen zu der Aufführung kommen als gewöhnlich. Vermutlich ist dadurch zu erklären, dass die Schauspielenden bei diesem Thema vor ein gebildetes Publikum treten, von dem sie nicht als „Lehrende" wahrgenommen werden, sondern vielmehr als eine politische Provokation. Das Themenfeld der Korruption als ein oftmals aus westlicher Perspektive benanntes gesellschaftspolitisches Problem wird von vielen Nepalesen als eine tief verankerte Struktur begriffen, deren Abschaffung zwar wünschenswert aber nicht vorstellbar ist. Im Anschluss an die Kachahari-Aufführungen, welche sich durch die Art ihrer Darstellung kritisch zu korrupten Praxen positionieren, ergeben sich oft heftige Debatten um die Klärung der „Schuldfrage". In einem informellen Interview berichtete Gyan von einer Situation, in der sich ein Regierungsbeamter aus dem Publikum nach einer Aufführung dieses Stücks aufgebracht vor dem versammelten Publikum verteidigte: *„Ich muss korrupt sein! Ich musste 800.000 Rupie [10.000 Euro] bezahlen, um an diesen Posten zu kommen!"*

Auf derartig emotionale Ausbrüche gefasst warten die SchauspielerInnen 30 Minuten vor ihrem Auftritt ab, in der Hoffnung ein möglichst gemischtes Publikum zu versammeln, in dem es genug kritische Stimmen gegen die korrupte Praxis geben würde. Um vor dem Publikum möglichst professionell zu erscheinen, weist der Joker bei dieser Aufführung darauf hin, dass sie 20-25 jährige Erfahrung im Theaterbereich hätten, was insofern absurd ist, da die meisten SchauspielerInnen selbst nicht viel älter als 25 Jahre sind. Sie beziehen sich dabei jedoch auf den Theater-Hintergrund ihres Direktors, in der Hoffnung dadurch in ihrer theatralischen Darstellung ernst genommen zu werden, auch wenn den Zuschauenden evtl. der Inhalt missfallen würde.

Durch die Wahl des Mitgift-Themas für das Streitgespräch zwischen Gyan und Uma in der Einstiegsszene wird bereits das Interesse beim Publikum stark geweckt. Die beiden Positionen der Ehepartner spiegeln exakt den Verhandlungsrahmen zwischen traditionellen und moderneren Normen in diesem Bereich wider. Uma verfolgt hier die konservativ-traditionelle Ansicht, dass es zu ihrem gesellschaftlichen Gesichtsverlust gekommen wäre, hätte die Hochzeit des ersten Sohnes nicht in vollem Prunk stattgefunden. Gyan dagegen zeigt sich `aufgeklärt´, modern und hält dagegen, dass es wichtiger sei, einen ökonomisch verlässlichen Ruf und die eigene Kreditfähigkeit zu wahren, als einer irrationalen Tradition zu folgen, durch welche man einmalig den Schein des Reichtums nach außen trägt. Diese Darstellung des Widerstreits zwischen traditionellen und modernen Lebensweisen erzeugt beim Publikum große Wiedererkennungseffekte. Wichtig ist diese Szene als Einstieg insbesondere aus dem Grund, weil sie im „neutralen" Raum der Familie und noch nicht im Regierungsgebäude spielt und ein für alle relevantes soziales Spannungsfeld thematisiert. Dadurch wird eine Verbundenheit mit dem zum Teil skeptischen Publikum geschaffen, das sich daraufhin zunehmend auf die soziale Situation der Theateraufführung einlässt.

Im Gegensatz zu der Repräsentation von Machtlosigkeit in den anderen Fallbeispielen durch Jammern und Klagen, fokussiert das Kachahari zu Korruption vielmehr auf die Darstellung von Macht. Diese wird durch das Verfügen über viel Zeit und Entscheidungsbefugnis von den Beamten demonstriert. Die äußere Erscheinung und Körpersprache der drei Regierungsbeamten Rajendra, Deepak und Ganesh strahlt Ruhe und Selbstgefälligkeit aus. Durch ihre langsamen und sicheren Bewegungen scheinen sie jeden Zug an ihrer Zigarette zu zelebrieren und in ihrem gemächlich geführten Smalltalk ignorieren sie Gyans unterwürfige Bitten. Gyans Machtlosigkeit zeigt sich durch die Zaghaftigkeit seiner Worte und die gebeugte Haltung, mit der er den Beamten entgegentritt. Es wird deutlich, dass es für einen ungebildeten Dorfbewohner keineswegs selbstverständlich ist, von einem Behördenangestellten ernst genommen zu werden, sondern dass er ihnen seine Ehrerbietung zu erweisen hat. Die Beamten bestätigen diese Eigenwahrnehmung von Gyan, indem sie ihn mit knappen und gereizten Antworten abweisen und nicht den Anschein erwecken, als müssten sie jemandem wie ihm ihre offensichtliche Untätigkeit erklären.

Diesem Verhalten wird der Charakter von Birke entgegengestellt, welcher durch seinen selbstbewussten Auftritt in der Behörde und durch den Besitz eines Handys als Angehöriger der städtischen Mittel- oder Oberschicht identifiziert werden kann, und als solcher eine andere Klientenposition inne hält. Im Vergleich wird klar herausgestellt, wie das Prinzip von *afno manchhe* (siehe S.39) in der Funktionsweise des Büros zum Tragen kommt. Indem Birke eine freundschaftliche Beziehung zu Deepak aufrechterhalten kann und ihn durch Party-Einladungen an sich bindet, kümmert sich dieser um den Kontakt zur obersten Chefetage, in der Rajendra in der höchsten Instanz die Entscheidungen trifft. In den Gesprächen zwischen Deepak und Ganesh fällt die Bezeichnung *afno manchhe* mehrmals im Bezug auf die Ministerauswahl und ihre Sicherheit darin, dass sie dadurch noch mehr Einfluss gewinnen würden: *"Mach dir keine Sorgen, wer auch immer Minister wird, es wird dein afno manchhe sein."*

Vergleichbar mit der Darstellung der ungleichen Ehe zwischen Ramji und Uma im dritten Fallbeispiel wird auch hier strukturelle Ungleichheit präsentiert, die nicht im Kachahari zu bearbeiten ist, sondern lediglich zur Rahmenhandlung gehört. Der Joker macht es sich nicht zur Aufgabe, diese grundsätzlichen Hierarchien zwischen Analphabeten vom Land und den politischen Eliten zu verändern, sondern lediglich Handlungsoptionen innerhalb dieses Systems zu finden. Hier wird die aus marxistischer Perspektive kritisierte Begrenzung des Verhandlungsspielraums im Kachahari deutlich, welche in Abschnitt 2.2. bereits dargestellt wurde (siehe S.28).

Für die Einführung des Problemfelds der Korruption ist das stilistische Mittel des Humors sehr wichtig. Ramjis wiederholter Hinweis darauf, dass selbst das Niesen im Regierungsgebäude zu bezahlen sei, löst große Heiterkeit aus und ermöglicht auch hier die nötige Distanzierung der Zuschauenden von dem Geschehen. Die ersten gezielteren Hinweise auf korrupte Praxen im Regierungsbüro werden in einem Smalltalk-Gespräch von Deepak gegeben, der sich bei Rajendra nach seinem Sohn Amit erkundigt:

D: *Hat Amit-babu aus Amerika angerufen?*
Rj: *Ja, er hat angerufen. Er hat mich um 60.000 Rupie [ca. 750 Euro] gebeten.*
       Ich weiß nicht, was mit ihm los ist!
D: *Er fragt nach Geld, obwohl er in Amerika ist, anstatt es von dort hierher zu*
       schicken?!
Rj: *Ich habe ihn nach Amerika zum Geldverdienen geschickt, aber anstatt Geld*
       zu schicken, sagt er mir, dass er dort bleiben wird, wenn ich ihm 60.000
       Rupie schicke, andernfalls wird er zurückkommen.
D: *Er muss herausbekommen haben, dass du ins Malpot-Büro befördert*
       wurdest.
Rj: *Das kann sein... (großes Gelächter)*

Interessant ist diese Konversation vor dem Hintergrund, dass in Nepal der Glaube, in westlichen Ländern wie Amerika wäre das Geldverdienen sehr einfach, weit verbreitet ist. Die Szene dient dem Zwecke, dem Publikum einerseits Einsicht in die finanzielle Situation des Chefs zu geben, und andererseits ein wenig Empathie für ihn und seine etwas eigentümlichen privaten Sorgen zu entwickeln. Auf diese Weise soll versucht werden, die Motivationen der Aufrechterhaltung des Korruptionssystems auch aus oberster Position als „verständlich" darzustellen.

Die theatralische Überbetonung des Habitus der Machthabenden in der Modellszene löst im Publikum einerseits leises Schmunzeln aus, andererseits werden die gespielten Beamten-Rollen jedoch als solche akzeptiert. Dies zeigt sich zum einen daran, dass die Zuschauenden das Stück sehr konzentriert verfolgen und zum anderen daran, dass sie großes Interesse an der direkten Partizipation zeigen. Im Gegensatz zu der sonst vorherrschenden Zaghaftigkeit fühlen sich die gebildeten Schreiber geradezu herausgefordert durch ihre Intervention zu beweisen, dass es auch für einen einfachen Dorfbewohner wie Gyan und Bishnu möglich sein muss, die eigenen Belange bei den Regierungsbeamten durchzusetzen. Hervorzuheben ist, dass die im Publikumsraum sehr entschieden argumentierenden Schreiber durch ihren Rollenwechsel auf der Bühne, wo sie Deepak und Rajendra in deren machtvoller Selbstgefälligkeit gegenübertreten, relativ schnell ihre Sprache verlieren und ihre Interventionsversuche aufgeben. Ihre überwiegend selbstbewusste verbale Herangehensweise zeigt, dass sie aufgrund ihrer Bildung derartige Diskriminierung evtl. selbst noch niemals im gleichen Umfang erfahren haben und sie nun im theatralischen Raum die Erfahrung der Ohnmacht eines „Analphabeten" machen. Dieser Eindruck entstand insbesondere deshalb, weil es gerade die Schreiber waren, die sich gegen Ende des Auftritts am heftigsten zu verteidigen suchten. Sie hatten das größte Bedürfnis zu zeigen, dass Gyan und Bishnu auch auf legalem Weg ihre Dokumente bearbeitet bekommen können. Offenbar haben sie auch die Tatsache, dass die Forderung der 5.000 Rupie von dem Schreiber Ramji kam, als Vorwurf gegen ihren Berufsstand interpretiert, obwohl die Szene deutlich zeigte, dass Ramji im Auftrag von Deepak handelte, welcher letztlich auch an Rajendra Geld abgeben musste.

Die SchauspielerInnen versuchten zu vermitteln, dass es in ihrem Stück nicht darum ginge, eine Partei an den komplexen Korruptionsverflechtungen in staatlichen Behörden als Schuldige zu begreifen, sondern darum, dass alle Beteiligten diese Struktur gemeinsam reproduzieren würden. Dennoch brachten die Schreiber nach dem Scheitern ihrer Interventionen im Kachahari ihre Meinungen mit viel Emotionalität in die anschließenden Diskussionen ein. Immer wieder zeigten sie ihre offiziellen Lizenzen und versuchten damit zu beweisen, dass sie einen legalen Status hätten und nicht alle korrupt wären. Die Tatsache, dass es zu einer derart explosiven Debatte kam, wurde von den Schauspielenden, die sich in verschiedenen Kleingruppen daran beteiligten, als großer Erfolg gewertet.

5.6. Potentiale und Grenzen des Kachahari-Theater in Nepal

In der folgenden übergreifenden Analyse des Kachahari-Theaters wird auf grundlegende Themenfelder der Aufführungen eingegangen und dabei Bezug genommen auf Auszüge des gesamten Datenmaterials. Hierbei geht es mir nicht um kulturelle Festschreibungen der Theaterpraxis in Nepal, sondern vielmehr darum zu erfassen, wie sich verschiedene sich wiederholende Grundmuster unter Berücksichtigung des nepalesischen Kontextes interpretieren lassen.

Grenzen und Übergänge zwischen Theater und Realität

In allen von mir beobachteten Aufführungen widmen die Schauspielenden der Frage nach den Grenzen zwischen Theater und Wirklichkeit ihre besondere Aufmerksamkeit. Dies geschieht insbesondere durch die jeweiligen Szeneneinstiege, in denen eine Person in Form von Selbstgesprächen deutlich macht, wo und in welchem sozialen Kontext sie sich befindet. Hier werden oftmals direkte Bezüge zum Publikum hergestellt, indem die Hauptperson ihre Verwunderung darüber ausspricht, warum sie alle zusammengekommen seien, dann jedoch direkt in ihren Bühnenmonolog übergeht: *„Warum sind da so viele Leute auf der Straße versammelt heute? Ohh, schau, die Ziege hat die ganze Maissaat gefressen."* Die Schauspielenden versuchen in ihren Auftritten durch Improvisation auf ihre Umwelt einzugehen und die Zuschauenden dadurch zu irritieren, indem sie die Grenzen zwischen Theater und Realität verwischen. So geht Amita in ihrem vertieften Selbstgespräch plötzlich auf den Hund ein, der sich am Rande des Bühnenraums hingelegt hatte, was für das Publikum, welches sich gerade auf die Realität der Bühne, die sich in Amitas Hof verwandelt hatte, eingelassen hatte, eine Irritation und damit Gelächter erzeugt:

"Wie soll ich das nur auffegen... Wasser und Schlamm...schau, dieser Hund schläft auch hier! Dieser Hund macht sein Geschäft in meinem Hof [Gelächter]. Von allen Leuten kommen die Tiere zu meinem Haus (sie benützt den Besen um den Hund wegzuscheuchen)" (Kachahari 1).

Dieses stilistische Mittel, welches die nötige Heiterkeit und Ausgelassenheit für die spätere Auseinandersetzung mit Konfliktthemen im Publikum erzeugt, ist insbesondere im Hinblick auf die in Kapitel 2.1. vorgestellten Debatten über die Zusammenhänge zwischen Theater und Gesellschaft interessant. Den Zuschauenden wird zunächst durch die Darstellung von Alltagshandlungen (wie Putzen, Teekochen etc.) vor Augen geführt, dass die Schauspielenden in der Lage sind, ihre Lebenswelt im theatralischen Raum zu spiegeln. Die Theatergruppe begnügt sich jedoch nicht mit der bloßen Wiedergabe von Realität, sondern schafft eine *Zwischenrealität*, indem sie die Wechselwirkung zwischen Publikum und Schauspielenden miteinbezieht und dadurch Verwirrung erzeugt. In dieser Weise werden den Zuschauenden die Goffman'schen Analogien zwischen theatralischem Handeln und der als real angenommenen sozialen Interaktion vermittelt. Sie sollen durch die Erkenntnis über diese Verbindungen in die Lage versetzt werden, ihre eigene Situation zu reflektieren und ihre Interaktion als verhandelbar wahrnehmen. Wenn sie ihre eigene Kommunikation und Interaktion als theatrale Handlungen betrachten können, entdecken sie den Aspekt der Inszenierung ihrer eigenen Identität und die eng damit verbundene Verhandelbarkeit kultureller Normen. Der Anstoß zu dieser Art der Selbstreflexion ist in Nepal insbesondere vor dem Hintergrund der fatalistischen Grundeinstellungen sehr zentral, welche sich in einem mangelnden Vertrauen in die individuellen Veränderungsspielräume ausdrücken.

Ganz im Sinne von Boal wird das Kachahari-Theater nicht als hohe Kunst präsentiert, sondern als eine Form menschlicher Sprache, die von allen gleichermaßen gesprochen und verstanden und durch die Gesellschaft verändert werden kann. Hervorzuheben ist die Beobachtung, dass viele Zuschauende insbesondere an jenen Szenen am meisten Freude zu haben scheinen, die ihre eigene Alltagsrealität spiegeln. So wiederholte eine Fabrikarbeiterin, deren Ehemann trinkt und ihre beiden Kinder schlägt, plötzlich mit leuchtenden Augen einen Satz aus dem Theaterstück, nachdem sie zunächst sagte, sie würde sich nur wenig an die Inszenierung erinnern[70]:

> *"'Wach auf! Du sollst nicht länger schlafen!' Es ist so wie ich es zu meinem Mann sage, wenn er viel schläft. Manchmal schläft er bis 9 oder 10 Uhr morgens. [...] Es fühlte sich so an, als hätte ich das zu meinem Mann gesagt"* (Dilmaya, Zuschauerin).

Dieses scheinbar unbedeutende Detail des lange schlafenden Ehemanns war ihr in Erinnerung geblieben, weil sie sich dadurch in ihrem Problem *gesehen* fühlte, was für sie dahingehend ein bewegender Moment war, als dass sie aufgrund der Kontrolle durch ihren Ehemann wenige Möglichkeiten hat, anderen Menschen ihre Probleme mitzuteilen:

---

[70] Das Interview mit drei Zuschauenden wurde hier erst einen Monat nach der Aufführung geführt. Die Tatsache, dass die Fabrikarbeiterin zuerst sagte, sie hätte keine Erinnerung, ist jedoch vermutlich auf ihre anfängliche Sorge, sich im Interview nicht artikulieren zu können, zurückzuführen (siehe S.57-58).

„Ich fühlte, dass es gut für mich war. Ich spreche mit niemandem lange. Ich bleibe allein. Wenn ich für längere Zeit mit jemandem spreche, dann sagt er [der Ehemann], dass ich ihn hintergehen würde." (Dilmaya)

Dieses Gefühl der Wiedererkennung der Szene aus vergleichbaren Erfahrungen im eigenen Leben ist zentral für das Gelingen des Forumtheaterauftritts, da es aufzeigt, dass das Publikum von dem inszenierten Konfliktthema betroffen ist. Aus diesem Grund sind auch die Schauspielenden stets darum bemüht, ihre jeweiligen Rollen im Theater mit ihren tatsächlichen Rollen in der Gesellschaft zu kontrastieren. Diese müssen für das Einfühlen in eine andere Rolle mitreflektiert werden:

"Zuerst schaue ich, welche Art von Mutter in dem Stücktext gebraucht wird, wie etwa: die Mittelschicht-Mutter, die Unterschicht-Mutter oder die Mutter aus der Oberschicht. Ich gehe das in mir durch. Ich habe Oberschicht-Mütter, Mittelschicht- und Unterschicht-Mütter in unserer Gesellschaft gesehen. Diejenigen die in sukhumbaasi-Gebieten leben, kümmern sich nicht um Kleidung, um ihre Sprache und nicht um Schmuck. Ich habe all das gesehen. Ich kenne auch ihre Sprache. Vor diesem Hintergrund denke ich darüber nach, welche Sprache ich verwenden sollte und wie ich meine Ausdrücke kreieren sollte, damit es am besten zum Text passt. [...] Und dann versuche ich diese Mutter darzustellen. Ich versuche alles zu zeigen, was ich fühle."
(Laxmi, Schauspielerin)

Laxmi beschreibt den Prozess ihres Theaterspielens als den einer exakten Beobachtung der Realität und dem anschließenden Versuch, diese zu verinnerlichen und dann wiederzugeben. Der Joker erkundigt sich während der Aufführung stets beim Publikum, ob die theatralische Handlung im realen Leben in dieser Weise möglich wäre, um zu gewährleisten, dass das Kachahari den Raum des glaubwürdigen und wiedererkennbaren Geschehens nicht verlässt. Zusammenfassend kann man also festhalten, dass die SchauspielerInnen das theatralische Spielen mit der Realität an manchen Stellen bewusst einsetzen, während sie an anderen darum bemüht sind, dem Publikum „realistische" Handlungen zu zeigen.

Ein anderer Zeitpunkt, an dem die Theatergruppe die Übergänge zwischen Theater und Realität bewusst im unklaren lässt, ist der Moment des Versammelns des Publikums. Die hierfür inszenierten kleinen Szenen sind oftmals kurze Streitgespräche zwischen den Schauspielenden, bei denen nicht deutlich ist, ob diese echt oder gespielt sind. Mit diesen Elementen aus dem `Unsichtbaren Theater´ (siehe S.20-21) erzeugen sie Spannung und fokussieren das Interesse des Publikum auf scheinbar alltägliche Handlungen, die jedoch Aufmerksamkeit erregen. In besonders spektakulärer Art und Weise wurde dies in Dharan versucht:

> *"Einmal bin ich mit einem offenen Messer über die Straße gerannt, um die Leute für ein Kachahari zu versammeln. Als sie zusammenkamen und zu diskutieren begannen, betrat ich die Bühne und begann als Joker zu spielen"*
> (Janak, Schauspieler).

Diese Gewalt beinhaltenden Auftritte, die in Nepal dazu führen, dass die Menschen aufgebracht zusammenströmen, sind jedoch nicht ungefährlich, wenn das Publikum die Grenzen zur Wirklichkeit nicht wahrnimmt. So wurde Janak in einer solchen Situation schon einmal beinahe vom Publikum verprügelt, da er für einen kriminellen Drogenabhängigen gehalten wurde (Janak). Das Theater gibt hiermit also nicht nur dem Publikum einen neuen Reflexionsrahmen über ihre Wirklichkeit, sondern auch den SchauspielerInnen. So erzählte Janak, dass er durch diese Außenwahrnehmungen und Reaktionen des Publikums viel über sich selbst gelernt habe:

> *"Meine äußere Erscheinung wirkt wie die eines Abhängigen. Deshalb denken die Leute, ich wäre ein Abhängiger. Ich habe das durch das Theaterspielen erfahren. Ich hatte diese Sache vorher nicht bemerkt. [...] Wenn ich zu dem Drogenproblem spielte, spielte ich einen Abhängigen. Dann sagten die Zuschauenden immer: 'Ist diese Person ein echter Abhängiger, der aus dem Rehabilitationszentrum gekommen ist?'"* (Janak)

Es ist eine interessante Beobachtung, dass verbale und körperliche Gewalt in der Öffentlichkeit in Nepal als direktes Lockmittel für die Versammlung einer Menschenmenge dienen. Hierfür gibt es mehrere Interpretationsmöglichkeiten. Zum einen könnte man argumentieren, dass generell ein hohes Maß an Verantwortung für die eigene Gemeinschaft besteht und die Menschen sich für die Probleme der anderen zuständig fühlen. Andererseits könnte es sich auch um Schaulustigkeit handeln, die dadurch verstärkt wird, dass der Ausbruch von Konflikten und Gewalt in der Öffentlichkeit einen Tabubruch darstellt, wie ich im folgenden Abschnitt ausführen werde.

`Culture of silence´ und Harmoniebedürfnis

Die nepalesische Kultur wird oftmals als eine `Culture of Silence´ betitelt, in der die Menschen sich nicht gegen ihre eigene Unterdrückung auflehnen, sondern diese still erdulden in der Hoffnung, in Harmonie und Ruhe leben zu können. Das von Paulo Freire für Lateinamerika entworfene Konzept der `Kultur des Schweigens´ wird als ein zentraler Mechanismus für die Aufrechterhaltung von Unterdrückungsverhältnissen durch deren Verinnerlichung beschrieben:

> „Die innere Unterwerfung vor der Übermacht der Macht führt dazu, dass die Unterdrückten sich selbst so sehen, wie die Unterdrücker sie sehen, nämlich als „nichtig"; dass alles, was sie erfahren, eine immer neue Bestätigung dieser ihrer Nichtigkeit wird" (Freire 1973, S.10-11).

Die Sprachlosigkeit erklärt Freire mit den Folgen der kolonialen Geschichte, durch die die Menschen gezwungen waren, andere Werte, Normen und Denkmodelle zu übernehmen. Das so entstandene Minderwertigkeitsgefühl im Bezug auf die eigene Identität trägt entscheidend zu den Strukturen von Unterdrückungsverhältnissen bei. Dev Raj Dahal (2001) interpretiert diese Beobachtung als Anzeichen eines erheblichen Demokratiedefizits der nepalesischen Kultur. Macht und Unterdrückung wird oftmals als unveränderbar wahrgenommen und anstatt der Auflehnung wird ein harmonischer Weg der Konfliktminderung gewählt. Wie am Beispiel der Aufführungen zum Thema `Gewalt in der Ehe´ dargelegt glauben viele Frauen daran, durch harmonisches Verhalten die Gewalttätigkeit ihres Mannes verhindern zu können:

> *„Wenn er von der Arbeit zurückkommt, sollten wir für ihn kochen was immer wir haben, mit ihm höflich sprechen, in Harmonie leben ohne Auseinandersetzung und Streit. Wenn wir diese Dinge tun, wird der Ehemann auch freundlich mit uns sein. Er wird auch denken, ja meine Frau liebt mich sehr und ich sollte sie auch in der selben Weise lieben. Dann werden wir Harmonie haben. Aber, wenn er von der Arbeit nach Hause kommt und die Frau ihm, ohne die Fakten zu wissen sagt: `Du Hurensohn, du kommst von schlechten Orten, richtig?´, dann wird ein Streit zwischen ihnen beginnen"* (Priya, Zuschauerin).

Diese generell verbreitete Haltung der Streitvermeidung trat in der Praxis des Kachahari häufig auf. Interessanterweise werden in den meisten Fällen nach der ersten Unterbrechung durch den Joker vom Publikum Vorschläge gemacht, die als Strategien zu begreifen sind, den eigentlichen Konflikt zu negieren, oder einen Gegenentwurf zu entwerfen, in dem der Konflikt nicht vorkommt. Diese Beobachtung bestätigen auch die Theaterspielenden:

"Da ist die Situation: da sind sukhumbaasi-Vater und -Mutter und die Kinder und der Vater trinkt sehr viel und dann ist da eine Krise, weil die Gebühren [für die Schule] gezahlt werden sollen. Dann könnte die normale Lösung folgendermaßen sein: `Der Vater soll aufhören zu trinken und er sollte die Gebühren zahlen´. Aber das funktioniert nicht. " (Sudeep, Theatergruppenleiter)

Sudeep begründet dieses Bedürfnis, zunächst die ideale Lösung zu formulieren mit der Allgegenwart von *top-down*-Ansätzen durch die Arbeit der Entwicklungsorganisationen in Nepal, durch die die Menschen letztlich daran gewöhnt worden seien, jene Antworten zu geben, die ihnen durch die Aufführung nahe gelegt werden. Er bezieht sich hierbei also auf den Einfluss des bisher praktizierten Straßentheaters, in dem den Zuschauenden genau das abverlangt wurde, und geht damit indirekt auf die von Shrestha formulierte Kritik der „Colonialisation of Minds" (siehe S.47-49) ein.

Zudem bringt Sudeep als weiteren interessanten Aspekt den Einfluss von Filmen ein. Durch die zunehmende Verbreitung der indischen und auch einer eigenen nationalen Bollywood-Filmindustrie, sind die Menschen vermutlich stärker daran gewöhnt, ihre unartikulierten Wüsche nach Harmonie durch die im diesen Film typischerweise möglich werdenden sozialen Tabubrüche, wie z.B. die Liebesheiraten zwischen Kastenlosen und höheren Kasten etc., visuell verwirklicht zu sehen. Andererseits könnte man jedoch auch den Umkehrschluss wagen, dass dieses Filmgenre vielleicht nur deshalb so großen Erfolg hat, weil ein gewisses Bedürfnis nach Harmonie und nach Ausgleich zu der sehr hierarchischen gesellschaftlichen Ordnung bei vielen Nepalesen/innen vorhanden ist und im virtuellen Raum des Films leicht verwirklicht werden kann.

Vor dem Hintergrund einer ausgeprägten Norm des harmonischen Handelns setzt das Kachahari-Theater also durch seinen Anspruch, Konflikte an die Oberfläche zu bringen, an einem hoch brisanten Punkt an. Ziel ist es hierbei, die Diskussion zu initiieren und dem Bedürfnis der Negation von Konflikten zugunsten eines allgemeinen Harmoniezustandes entgegenzuwirken:

„Das ist das Ziel am Anfang. Das Problem zu erkennen und beginnen darüber zu diskutieren. Denn das Theater selbst löst das Problem nicht. [Es ist] nur [da] um die Diskussion zu initiieren. Wenn wir erkennen: das ist unser Problem, das ist die wichtigste Sache... normalerweise negieren wir das Problem... " (Sudeep).

Die Art und Weise jedoch, wie die möglichen Handlungsoptionen im Interaktionsprozess gestaltet werden können, bewegt sich in einem Raum, in dem normative Erwartungen im Bezug auf Harmonie ihre Wirkungsmacht entfalten. Hierbei sind die Entscheidungen der Schauspielenden und des Jokers in Bezug auf den Verlauf des Kachahari von großer Bedeutung.

Interessensdifferenzen zwischen Schauspielenden und Publikum
Wie bereits an verschiedenen Stellen der Fallbeispiele deutlich wurde, ist der gesamte Kachahari-Prozess begleitet von Interessensdifferenzen zwischen den Schauspielenden und den Zuschauenden. Für die Schauspielenden besteht hierbei der generelle Konflikt, dass sie meistens ein relativ klares Sendungsbedürfnis haben, *welche Art* von gesellschaftlichen Wandel sie initiieren wollen. Durch die Methode des Kachahari-Theaters sind sie jedoch dazu angehalten, den Prozess nicht nach ihren Interessen zu manipulieren. Für die meisten SchauspielerInnen ist die Philosophie des Kachahari eine wichtige Grundlage für die Motivation ihres sozialen Engagements durch das Theater, wie Janak durch seine Kritik am Straßentheater zum Ausdruck bringt:

> *"Eigentlich wissen alle von ihnen Bescheid über: Toilette benutzen, Seife für das Händewaschen, sie sollten keinen Alkohol trinken, es ist besser einen Apfel zu essen, als Wein zu trinken. Sogar ein Kind weiß das! Deshalb brauchen wir ihnen diese Dinge nicht einfach noch mal zu sagen. Ich denke das dominiert sie[71]. [...] Im Kachahari dominieren wir ihren Geist nicht. Wir fragen, um die Lösungen von ihnen zu finden. Wir stellen vor und sagen ihnen 'ihr seid sehr weise, ihr wisst Dinge und ihr findet die Lösung.' (Durch diesen Zugang) fühlen die Leute nicht, dass sie dominiert werden. Deshalb mag ich das Kachahari und seine Prinzipien lieber. Deshalb spiele ich es."* (Janak, Schauspieler)

Dieser Wunsch, die Zuschauenden nicht zu bevormunden, und damit die Abgrenzung von konventionellen entwicklungspolitischen Ansätzen, die sich ebenfalls dem Ziel des sozialen Wandels verschrieben haben, ist unter den Schauspielenden stark verbreitet. Man kann sagen, dass sie durch die Arbeit mit der neuen Theatermethode des Kachaharis durch einen Reflexionsprozess gegangen sind, in dem sie ihre ehemals paternalistisch ausgerichtete Theaterarbeit einer scharfen Zensur unterzogen haben. Die nun neu formulierten Ansprüche der Schauspielenden geraten jedoch auch in Konflikt mit den Interessen vieler Zuschauender, welche den Prozess nicht mitgemacht haben und sich z.T. die Klarheit der zuvor verbreiteten Problemlösungen zurückwünschen:

---

[71] Er benutzt den englischen Begriff *dominate*.

„Die Leute reagieren unterschiedlich in unterschiedlichen Aufführungen. Manche Leute sagen, dass diese Auftritte sehr nötig sind, aber andere reagieren negativ, weil sie denken, dass das Kachahari keine richtige Lösung anbieten kann. Sie werden frustriert weil sie keine Lösung gezeigt bekommen. Aber manche sagen uns auch, dass wir gute Arbeit machen. Die meisten ungebildeten Zuschauenden (nabolne manchhe) sagen, wir sollen das Problem für sie lösen. Aber wir wollen, dass sie ihre Probleme selbst lösen und schlagen ihnen vor, dies zu tun. Wir können ihre Probleme nicht lösen, wir sind nicht Gott! Wir sind auch Menschen auf der Suche..." (Gopal, Theatergruppenleiter von Srishti).

Offenbar korreliert der Grad der Unzufriedenheit mit dem Bildungsstand der Zuschauenden, so dass die weniger gebildeten Zuschauenden tendenziell stärker an den deutlichen Anweisungen durch die SchauspielerInnen interessiert sind. Dies kann damit erklärt werden, dass ihre weniger auf Schulwissen basierenden Kenntnisse aufgrund der in 3.3. ausgeführten Diskurse zu *awareness* diskursiv abgewertet wurden und sie sich dadurch selbst in der Position der Unwissenden und Lernbedürftigen wahrnehmen.

Wie in dem Kachahari zu Alkoholabhängigkeit deutlich wurde, gibt es Zuschauende, die ihre Meinung deshalb nicht äußern, weil sie vermuten, dass die Schauspielenden es besser wüssten. Viele denken, die Schauspielenden wüssten die „richtige" Lösung und fordern deshalb die Darstellung der in Wirklichkeit funktionierenden Handlungsoptionen ein. An dieser Stelle stellt sich die Frage, ob manche der Zuschauenden nicht in der Lage sind, die theatralische Aufführung als Abstraktion der Realität zu begreifen, sondern diese als einen direkten Spiegel betrachten, der für sie Wahrheiten aufzeigt. Der im zweiten Fallbeispiel entstehende Frust im Publikum rührt daher, dass die Zuschauenden glauben, der Konflikt habe deshalb keine Lösung, weil die Schauspielenden diese nicht gezeigt hätten. Entgegen Boals Anliegen durch das Forumtheater einen Proberaum für die „Revolution" zu schaffen, will das Publikum somit im Kachahari-Theater vielmehr die gesellschaftliche Realität selbst auf die Probe stellen. Obwohl die Schauspielenden versuchen, diesem Problem entgegenzuwirken, indem sie wiederholt betonen, dass sie selbst keine Antworten hätten, gelingt es ihnen oftmals nicht, die vorhandenen Status-Hierarchien zu überbrücken. Unabhängig von ihren verbalen Formulierungen werden sie durch ihre bloße Präsenz von den Zuschauenden als Lehrende wahrgenommen, die mehr Wissen haben oder deren Handlungen aufzeigen werden, wie man sich in Zukunft verhalten solle.

Interessant ist auch, dass manche Zuschauenden diese „Lehren" aus dem Theater direkt als mahnende Worte weitergeben und die Theaterauftritte damit als Erziehungsinstitution begreifen:

„Ja, ich habe ihn geschimpft. Er sagt, dass das Stück unnütz war, nicht notwendig. Aber ich sagte ihm, dass es für ihn und Jungen wie ihn da war, sie sind hier um euch zu lehren euch zu bessern. Verstehst du? Er sagte: `Ja, ich verstehe, jetzt werde ich nicht [mehr] rauchen´. Danach hörte er auf. [...]. Vor dem Theaterstück wusste ich nicht, dass er rauchte. Als ich einen kleinen Verdacht bekam, kannte ich den Geruch noch nicht und dann später, als ich die Symptome kannte und dann heute als das Stück gezeigt wurde, da wusste ich [es], ich schimpfte ihn und schlug ihn. Er sagte dann er würde [Drogen nehmen]." (Phulmaya, Zuschauerin)

Für die Mutter dieses Sohnes hatte die Kachahari-Aufführung den Zweck, sie für den möglichen Drogenkonsum ihres Sohnes zu sensibilisieren. Es kam ihr jedoch nicht in den Sinn, die im Theaterrahmen verhandelten Umgangsstrategien mit dem Thema Drogen zu reflektieren, sondern sie wählte entschieden das Mittel der Gewalt und erzählte mit großer Zufriedenheit deren Erfolg: *„Dann hat er gesagt `ich werde [es] nie wieder rauchen´"* (Phulmaya).

In einem Interview, das ich einen Monat nach einer Aufführung zum Thema häusliche Gewalt und Arbeitsausbeutung mit Arbeiterinnen einer Teppichfabrik führte, wurde deutlich, wie schwierig sich die Abgrenzung von konventionellen entwicklungspolitischen Einflüssen in der Theater-Praxis gestaltet. Aufgrund der Tatsache, dass sich hier eine NGO stark engagiert, um auf Probleme der reproduktiven Gesundheit und das Thema des in Nepal verbreiteten Frauenhandels hinzuweisen, begann eine der Zuschauerinnen die von der Organisation angebotenen Workshop-Lektionen in ihrer Erinnerung mit dem Theaterauftritt zu verwechseln, so dass das Stück in folgender Weise wiedergegeben wurde:

"Es begann mit dem Frauenhandel und dann langsam lehrte es uns über Hygiene. Und dann über die Gebärmutter und wir lernten es. [...] wir lernten diese Dinge und jetzt wissen wir etwas darüber, was man tun soll und wie es ist. Sie haben uns diese Dinge gebracht." (Chandra, Zuschauerin)

Dieser Sachverhalt macht deutlich, wie groß die Spanne zwischen den Ansprüchen den SchauspielerInnen einerseits und der erfahrenen Realität der Zuschauenden andererseits auseinander klaffen kann. Die Besonderheit des Kachahari als ein Raum, in dem das Publikum selbst Antworten und Lösungen sucht, wurde von den ZuschauerInnen nicht primär in Erinnerung behalten. Einprägsamer waren die von den ´von außen´ kommenden Belehrungen als wertvolle Orientierungshilfen.

Anhand mancher Auftritts-Beispiele, auf die meine InterviewpartnerInnen zu sprechen kamen, wird deutlich, dass es Kachahari-Aufführungen gibt, bei denen es den Schauspielenden jedoch - entgegen ihrer Selbstdarstellung - um klare strategische Ziele geht, die sie bei ihrem Publikum erreichen wollen:

> *„Ein sehr gutes Beispiel ist das Stück über den Straßenbau. Da gab es ein Problem, weil einige Leute Teile ihres Landes nicht zur Verfügung stellen wollten, damit die Regierung darauf eine Straße bauen konnte. Nachdem wir ein kachahari aufgeführt haben, haben alle Leute zugestimmt ihr Land herzugeben."* (Gopal, Theatergruppenleiter)

Während es bei einer Kachahari-Aufführung in der Theorie darum geht, Strategien gegen Unterdrückung zu entwerfen, wird bei diesem oftmals als Parade-Beispiel zitierten Kachahari bereits das ´richtige Ende´ des Konflikts von den Schauspielenden antizipiert. Inwieweit es sich bei den Menschen, die das größere Interesse am Straßenbau haben jedoch um „Unterdrückte" handelt, sei hier in Frage gestellt.

An anderer Stelle ist das direkte Interesse der SchauspielerInnen zwar weniger offensichtlich, es wird ihnen jedoch von den Zuschauenden unterstellt, dass sie diese durch die öffentliche Darstellung ihrer Problemlagen erniedrigen wollen. In der bereits im Punkt 4.3. erwähnten Konfliktsituation eines Slums in Dharan, in dem sich die Bevölkerung letztlich gemeinsam gegen die Kachahari-Aufführung von Srishti zu Wehr setzte und die SchauspielerInnen ihrer Siedlung verwies, rief eine Frau verärgert aus: *„Ihr kommt, fotografiert und geht wieder, aber ihr kommt nicht mit Lösungen! Wir sind in der Lage unsere Probleme zu lösen, ihr müsst also nicht kommen!"*

Dieses Beispiel illustriert die enorme Herausforderung, der sich die Schauspielenden zu stellen haben, wenn sie ihre Arbeit von der klassischen NGO-Arbeit unterschieden sehen wollen. Die DorfbewohnerInnen scheinen bereits negative Erfahrungen gemacht zu haben und sind sich darüber bewusst, dass entwicklungspolitische Arbeit in Nepal ein mitunter lukrativer Arbeitssektor sein kann, von dem die ärmste Bevölkerung nicht unbedingt profitiert. Schon während die Theatergruppe am Vortag auf der Suche nach den Problemen der Siedlung mit den BewohnerInnen in Kontakt tritt, artikulieren insbesondere die Frauen ihre Kritik an der Methode und der Ernsthaftigkeit der SchauspielerInnen:

„Wenn ihr wirklich unsere Haushaltsprobleme, die wir mit unseren Ehemännern haben, wissen wollt, dann kommt abends zwischen acht und elf, dann werdet ihr vieles wissen!"

Im Laufe der daran anschließenden explosiven Diskussion zwischen den Slumbe-wohnerInnen und den Schauspielenden wird deutlich, dass sich das Problem der häuslichen Gewalt, welches in der Siedlung vor einem Jahr in einem Kachahari bear-beitet wurde, daraufhin für einige verschlimmert hatte: *„Zeigt das Theater nicht, weil unsere Ehemänner sehen es, kommen nach Hause und streiten dann noch viel mehr".* Eine andere Frau schlägt vor, dass die Theatergruppe ihre Stücke zeigen sollten, dann jedoch wiederkommen und den Ehemännern sagen, dass sie das nicht tun sollten. Offensichtlich fühlen sich die Frauen durch die Tatsache, dass die Gruppe den Konflikt an die Oberfläche holt, sie dann jedoch nicht bei den daraus entstehenden Folgen unterstützt, im Stich gelassen. Andere empfinden es als eine Kränkung, dass Fotos von ihrem Elend gemacht würden und wollen wissen, was sie für einen Nutzen aus den Theaterauftritten ziehen könnten. Der Direktor Gopal versucht zu erklären, dass die Gruppe ihre Kachahari-Auftritte unentgeltlich machen würde und nennt positive Bespiele von Aufführungen, um die Zuschauenden damit von den Vorteilen der Methode zu überzeugen. Diese behalten jedoch ihre Skepsis gegenüber den privilegierten SchauspielerInnen und stellen die Grundlage der Motivation der Schauspielenden in Frage:

„Wir können überleben indem wir Bau-Aggregat herstellen[72] und ihr könnt überleben, indem ihr Theater zeigt. Ihr müsst also kein Theater in unserem Dorf zeigen!"

Auf diese grundlegende Frage, worauf eigentlich ihr Anspruch, die Gesellschaft auf diese Weise verändern zu wollen, basiert, haben auch die Theaterspielenden keine Antwort. Die SchauspielerInnen sind jedoch froh über den aufkommenden Wider-stand in der *sukhumbaasi*-Siedlung, mit der Erklärung, dass dies ja schon ein Kacha-hari gewesen sei und dass es positiv zu bewerten sei, wenn die Menschen die Dinge direkt aus ihrem Herzen heraus formulieren und nichts verstecken würden. Paradox-erweise sehen die SchauspielerInnen von Srishti in diesem erheblichen Konflikt, den ihr Auftritts-Versuch vor Ort verursachte, einige der eigentlichen Ziele des Kachahari verwirklicht. An diesem Punkt wird der Widerspruch zwischen den Interessen von Zuschauenden und Schauspielenden deutlich. Während die SlumbewohnerInnen die

---

[72] Die BewohnerInnnen des Slums waren nahezu ausnahmslos damit beschäftigt in Handarbeit Steine zu klopfen, die als Baumaterialien in Nepal verwendet werden. Diese extrem harte und schlecht bezahlte Arbeit ist die einzige Grundlage, mit der sie ihr Überleben sichern können.

gesamte Legitimität des Theater-Engagements in Frage stellen, da es ihre Situation verschlimmert hatte, erfreuen sich die SchauspielerInnen darüber, dass diese marginalisierte Bevölkerungsgruppe zu einer solchen Kritik fähig ist. An diesem Beispiel zeigt sich, dass die SchauspielerInnen von Srishti z.T. nicht bereit sind, ihrer eigenen Privilegien in ihrem Verhältnis zu den Zuschauenden zu reflektieren und verantwortungsvoll zu den möglichen negativen Auswirkungen ihrer Kachahari-Arbeit zu stehen. Die Anwendung der Methode des Kachahari scheint für sie, im Gegensatz zum Straßentheater, nicht kritisierbar zu sein. Die Reaktion der BewohnerInnen zeigt jedoch auf, dass auch die `neue´ Theaterform von ihnen nicht als positive Unterstützung für die Bearbeitung von lokalen Konflikten betrachtet wird.

Macht und Herrschaft durch die Jokerrolle

Wie bereits im Theorieteil dargestellt wurde, hat der Joker eine Schlüsselposition im kommunikativen Raum des Kachahari inne. In Anlehnung an die Begriffsdefinition von Max Weber, wonach Macht „jene Chance [ist], innerhalb einer sozialen Beziehung den eigenen Willen auch gegen Widerstreben durchzusetzen, gleichviel, worauf diese Chance beruht" (WEBER 1972, S.28), möchte ich argumentieren, dass es sich bei der Beziehung zwischen Joker und Publikum in verschiedener Hinsicht um eine Machtbeziehung handelt. Dadurch dass der Joker entscheidet, welche Publikums-Vorschläge gehört werden und welche letztlich zur Aufführung gelangen, prägt er den Verhandlungsprozess entscheidend mit. Im Rahmen seiner Erklärung des Kachahari-Theaters zu Beginn jeder Aufführung, in der er das Publikum über seine Moderationsaufgabe in Kenntnis setzt, holt er das Einverständnis der Zuschauenden ein und *legitimiert* dadurch seine Rolle im Kachahari-Diskurs. Man kann also sagen, dass seine Macht nicht absolut ist, sondern innerhalb der sozialen Situation des Kachaharis zu einem legitimen Herrschaftsverhältnis im Weber'schen Sinne wird. Nichtsdestotrotz ist es der theoriegeleitete Anspruch des Joker, seine eigene Aufgabe als die eines „neutralen" Vermittlers zu verstehen, welcher jene Menschen unterstützt, die sonst im öffentlichen Raum kein Gehör finden, was ein große Herausforderung darstellt.

Aus seiner Erfahrung als Joker berichtet Janak von der Schwierigkeit, die „schweigenden" und unterdrückten Menschen (*nabolne manchhe*) zur Partizipation anzuregen:

> *"Im Dorf da sind einige aktive Leute (*active* manchhe) und die drücken ihre Sicht zuerst aus. Wir müssen die Menschen identifizieren, die versuchen ihre*

Meinung durch ihre Gesichtsausdrücke zu zeigen. Der sutradhaar [Nepali: joker] hat die Rolle, die schweigenden Menschen (nabolne manchhe) zum Sprechen zu bringen. Der sutradhaar sollte fragen: `Was hast du gesagt?´, auch wenn er/sie gar nichts sagt aber der Gesichtsausdruck zeigt, dass er/sie gerade versucht etwas zu sagen.´´ (Janak, Schauspieler)

Durch die Erfahrung, dass viele Menschen nicht in der Lage sind, sich im gleichen Maße am Diskurs zu beteiligen, bezieht Janak in seiner Funktion als Joker auch die Mimik und Körpersprache in seine Beobachtung mit ein. Er ist davon überzeugt, dass sich die Betroffenheit der Menschen nicht in dem Ausmaß ihrer verbalen Beteiligung widerspiegelt, sondern in subtileren Signalen. Gezielt reagiert er auf diese und versucht, den Mitteilungsbedürftigen, die sich schwerer artikulieren können, zu Worten zu verhelfen:

„Wir müssen auch einen Hinweis geben: `Versuchst du ... das und das ... zu sagen?´ Dann beginnt er/sie seine/ihre Gedanken auszudrücken. [...] Manchmal sollten wir das Publikum auch zum Sprechen zwingen. Das ist lustig. Nachdem ein oder zwei Vorschläge kamen, kommen die Leute [sich] näher und jeder will sprechen.´´ (Janak)

Diese Beobachtung kann insbesondere für das Verhalten von Frauen, die sich im öffentlichen Raum sehr selten äußern, bestätigt werden. Ihre Versuche sich einzubringen waren wesentlich zögerlicher und leiser, in der Hinsicht, dass sie sich oftmals nur an ihre unmittelbaren Nachbarinnen wandten und nicht an den Joker. Hier versuchte der Joker jene Frauen direkt anzusprechen und in die Diskussion mit einzubinden. Generell hängt die Partizipationsbereitschaft im Publikum eng mit dem Grad der persönlichen Betroffenheit zusammen. Während bei dem Thema `häusliche Gewalt´ nahezu ausschließlich Frauen sprechen, sind es bei dem Thema `Drogen´ die Sozialarbeiter, Eltern und Lehrer und bei `Korruption´ die Schreiber und Beamten. Dennoch gibt es dahingehend Unterschiede, dass es meistens nicht gelingt, die wirklich von Unterdrückung Betroffenen einzubeziehen. Meistens sprechen diejenigen, die das Problemfeld gut kennen, jedoch in einer vorteilhaften Position sind, wie z.B. jene Frauen, deren Nachbarinnen von ihren Männern geschlagen werden, die selbst jedoch nicht in einer entsprechenden Situation sind. Es handelt sich also um einen Diskussionsraum der „Halbbetroffenen", bei dem die wirklich Betroffenen eher die passive Rolle der ZuhörerInnen einnehmen[73].

---

[73] Diese Thesen folgere ich aus meinen Beobachtungen und aus meinen informellen und formellen Interviews mit dem partizipierenden Publikum, welches ausnahmslos nicht-betroffen war, jedoch aus verschiedensten Gründen ein starkes Anliegen an der Lösung des Konflikts hatte.

In der Praxis zeigt sich, dass es im Diskussionsprozess des Kachahari-Theaters oftmals dazu kommt, dass sich die Zuschauenden mit ihren Vorschlägen gegenseitig auf Ideen bringen, die Hemmungen zu partizipieren sinken und sich dadurch mehr und mehr Menschen am Diskurs beteiligen wollen. Daraus entsteht jedoch gezwungenermaßen das Problem, dass es zu mehr Unübersichtlichkeit kommt, viele Stimmen akustisch nicht mehr gehört werden und Menschen, die „leisere" Signale senden, gar nicht mehr beachtet werden können. Es gibt also die Tendenz, dass der Joker im vorschreitenden Verlauf der Publikumsinteraktion seine „neutrale" Funktion nicht mehr wahrnehmen kann und sich überwiegend die „aktiven" und verhältnismäßig gut gebildeten Menschen artikulieren (vgl. Fallbeispiel 3 und 4).

Wie das zweite Fallbeispiel gezeigt hat, berücksichtigen manche Joker aufgrund ihrer eigenen Meinungen und Lösungsvorstellungen zu dem Konflikt von Anfang an nicht alle Vorschläge gleichermaßen. Die in diesem Fall wirkungsmächtige Norm, dass eine nepalesische Frau ihren Mann nicht verlassen kann, beeinflusst den Joker darin, die Vorschläge aus dem Publikum in Form von rhetorischen Fragen weiterzugeben. So lässt er einen Raum entstehen, indem die hegemoniale Meinung zu diesem Thema artikuliert werden kann, und es folglich nicht zur Aufführung der Option des Verlassens kommt. Die Frage ist jedoch, bis zu welchem Punkt der Joker Meinungen aus dem Publikum auf diese Weise ausbremsen kann, ohne dass ihm seine Legitimität abgesprochen wird. Bei der betreffenden Aufführung wurden zwar viele Stimmen im Publikum laut dahingehend, dass keine Lösung gezeigt wurde, es wurde jedoch nicht kritisiert, dass der Joker dies durch die Art seiner Moderation mitzuverschulden hätte. Dadurch, dass die Gruppen tendenziell als erfahrene und gebildete Autoritätspersonen wahrgenommen wurden, ist dieses Hinterfragen der Legitimität der Joker-Herrschaft während des Kachahari-Prozesses kaum zu erwarten.

Es gibt jedoch die Entwicklung, dass die SchauspielerInnen die Joker-Rolle zunehmend stark reflektieren und dazu angehalten werden, ihre eigenen Meinungen darin nicht zu artikulieren. Der Theaterdirektor Sudeep erzählte in diesem Zusammenhang davon, dass die Joker-Rolle der Bereich war, wo sie am meisten „Fehler" gemacht hätten in ihren anfänglichen Experimenten mit der Kachahari-Theatermethode:

> *„Die Schauspielenden hatten starke Meinungen, weißt du, weil die meisten Gruppen zu ihren eigenen Gemeinschaften gehören und einen Auftrag hatten.*

Wie zum Beispiel die Dalit[74] Schauspieler, sie hatten den Auftrag, die sozialen Rahmenbedingungen zu verändern. Wenn also das Publikum sagt: `Das ist gut, lasst uns diese Sache machen´, versuchten sie zu diskutieren: `Nein nein nein, das ist falsch!´ Es war also keine wirkliche Publikumspartizipation. Man kann im Forum nicht aufzwingen, aber zu dieser Zeit machten sie das" (Sudeep).

Die Tatsache, dass Kachahari-Gruppen in Nepal oft direkt mit sozialen Bewegungen vernetzt sind oder selbst aus ihnen hervorgegangen sind (das trifft für Aarohan und Srishti jedoch nicht in dem Maße zu) ergibt, dass einige das Kachahari mit einem politischen Sprachrohr verwechseln und Schwierigkeiten haben mit der Offenheit, die im Diskurs ermöglicht werden soll.

Im Bezug auf Machtstrukturen sind auch die Interessensdifferenzen durch die generelle Abneigung des Jokers gegen gewisse Lösungsstrategien problematisch. Besonders deutlich wird dies an dem Umgang mit den Vorschlägen, die Gewalt beinhalten. Auf die Frage, was sie täten, wenn ein solches Interventionsangebot kommt, sagte der Theaterdirektor aus Dharan:

„Dann sagen wir, dass wir friedliche Lösungen für das Problem suchen und spielen es nicht. Manchmal schlägt das Publikum sehr schreckliche Situationen vor, wie den Drogenabhängigen mit einem Lastwagen zu töten. Manchmal spielen wir diese und zeigen seinen Tod. Danach fragen wir das Publikum wieder: `Also, war das eine Lösung des Problems? Dieser Junge ist jetzt tot. Ist das eine Lösung?´" (Gopal, Theatergruppenleiter)

Diese Praxis wird auch in den in 5.4. analysierten Fallbeispielen deutlich. In den drei Kacharis zu `häuslicher Gewalt´ und zu `Drogenmissbrauch´ gelingt es dem Joker, die Vorschläge, die alkoholisierten Ehemänner zu schlagen oder dem drogensüchtigen Sohn die Beine zu brechen, einfach nicht zu berücksichtigen. In dem Stück zu `Korruption´ entscheidet er sich dazu, die gewaltsame Lösungsstrategie und ihre Folgen zu zeigen, um im Anschluss die rhetorische Frage: *„.... ist das eine Lösung?"* zu stellen, durch die es letztlich zur Reetablierung der Norm der Gewaltlosigkeit kommt. Diese Praxis zeigt wie die Prägung des Jokers durch normative Vorstellungen die Möglichkeit seiner „Neutralität" im gesellschaftlichen Diskurs in Frage stellt. Diese

---

[74] „Dalit" (lit.: zerbrochene, zerrissene Menschen) ist die Selbstbezeichnung der „Unberührbaren" oder im Westen oftmals fälschlicherweise als „Kastenlose" bezeichneten Menschen. Mahatma Gandhi nannte sie „Harijan" (lit.: Vishnu-Geborene, Kinder Gottes). Dieser Begriff wird von ihnen jedoch abgelehnt, weil sie nicht als schützenswerte Kinder, sondern als gleichberechtigte Menschen gesehen werden wollen. Bis heute erleben die *Dalits* massive Diskriminierung in allen gesellschaftlichen Bereichen. Durch das Training in den Kachahari-Methoden versuchen die *Dalit*-Schauspielgruppen den Umgang mit diesen Diskriminierungserfahrungen öffentlich zu diskutieren.

Problematik ist jedoch struktureller Art und lässt sich durch verstärkte Bemühungen und Reflexionen nicht überwinden, sondern höchstens abmildern.

6. Fazit: Das Kachahari-Theater als `herrschaftsfreier Raum´?

Wie durch diese empirische Analyse dargelegt wurde, sind in der Anwendung des Kachahari-Theaters einerseits große Potentiale angelegt, andererseits stößt die Theaterform an verschiedenen Stellen an ihre Grenzen. Diesen Sachverhalt möchte ich nun abschließend diskutieren, um damit die Frage zu beantworten, ob man im Kachahari von der Verwirklichung eines `herrschaftsfreien Raums´ sprechen kann.

Im Bezug auf die Grenzen lässt sich konstatieren, dass das Kachahari-Theater auf verschiedenen Ebenen von Herrschaftsverhältnissen durchzogen ist. Die Interessensdivergenzen zwischen Schauspielenden und Zuschauenden führen dazu, dass der Raum des Kachahari je nach Perspektive unterschiedlich beurteilt wird. Während die Schauspielenden der Meinung sind, im Kachahari-Diskurs einen Raum für emanzipativen Wandel zu gewährleisten, zeigen die Interessen der Zuschauenden, dass sie diesen vielfach nicht nutzen können oder wollen. Da viele nicht selbst aktiv sein sondern *belehrt* werden wollen, wird die Effizienz der Theater-Methode grundlegend in Frage gestellt. In den Fallbeispielen wird deutlich, dass es im Kachahari-Diskurs nicht zur gleichberechtigten Beteiligung aller kommt, sondern sich zunächst die gebildeten und selbstbewussten ZuschauerInnen zu Wort melden und dann die Gruppe der „Halbbetroffenen", welche zum Teil vom Joker zur Partizipation ermutigt werden muss. Die eigentliche Zielgruppe der Unterdrückten bleibt jedoch in der Position des passiven Zuschauens, aus der sie die Lösungen der „Nicht-Betroffenen" konsumieren.

Die innerhalb der Joker-Rolle angelegte Macht führt zu einer Prägung des Kachahari-Diskurses durch die normativen Vorstellungen der Schauspielgruppe. Dies kann insbesondere dann zu Problemen führen, wenn die Lebenswelten der beiden Parteien aufgrund von Statusunterschieden weit auseinander liegen, wie es das zweite Fallbeispiel veranschaulicht, in dem ein männlicher Joker die Vorschläge, den Ehemann zu verlassen, nicht fördert. Da er selbst davon überzeugt ist, dass eine von großer Armut betroffene nepalesische Frau ihren Mann nicht verlassen sollte, fällt es ihm schwer, den Vorschlag ernst zu nehmen.

In einer der Slumgemeinden in Dharan kommt es zu einer Situation, in der die potentiellen ZuschauerInnen der Theatergruppe keinen Auftritts-Raum geben wollen. Sie sehen deren Herrschaft durch das Kachahari als nicht legitim an. Ihre negativen Erfahrungen mit einem vorangegangen Auftritt der Gruppe und ihre allgemeine

Skepsis gegenüber der `Hilfe von außen´ und insbesondere der Hilfe von privilegierteren Menschen (WestlerInnen oder bessergestellten NepalesInnen) zeigen, dass sie sich der strukturellen Herrschaftsbeziehungen, die auch im Kachahari fortbestehen, bewusst sind. Durch diesen Vorfall werden die SchauspielerInnen zu der Auseinandersetzung mit ihrer eigenen Machtpositionen gezwungen. Fragen wie: `Warum kommt ihr zu uns?´ und `Warum kümmert ihr euch nicht um eure eigenen Probleme?´ bringen die Vorstellung in Wanken, dass die Wahl der Kachahari-Methode und die Abgrenzung vom Straßentheater die Rolle der SchauspielerInnen bereits legitimieren würde. Die Gruppe gerät somit in die Situation, ihre eigene Motivation, sowie ihre Interessen und Privilegien hinterfragen zu müssen.

In den Analysen der Fallbeispiele wird deutlich, dass die Modellszenen immer auch Unterdrückungsverhältnisse reproduzieren, die nicht im Kachahari bearbeitet werden können. Die Darstellung eines dominant-aggressiven Ehemanns oder die Präsentation der privilegierten Regierungsbeamten mit ihren einflussverschaffenden Kontakten dient mitunter der Ausgestaltung der szenischen Rahmenhandlung, die Widerkennung im Publikum erzeugen soll. Hierbei erschöpft sich das Theater jedoch - ganz im Sinne von Gurvitch – in seiner Funktion der Verkörperung und Akzeptanz des gespiegelten *Status quo* und lässt keinen Raum für Veränderung.

Dennoch argumentiere ich, dass das Kachahari trotz der darin wirkenden Herrschaftsbeziehungen einen gesellschaftlichen Raum bietet, in dem stark tabuisierte Themen in der nepalesischen Öffentlichkeit verhandelt werden und Menschen sich artikulieren, die sonst weitgehend von der öffentlichen Meinung ausgegrenzt sind. Dies ist z.B. an der insgesamt starken Partizipation von Frauen zu erkennen. Der Theaterdirektor Sudeep erklärt dies damit, dass die Menschen im Kachahari in ihrer Lebenswelt angesprochen werden. Neben dem Bühnentheater gäbe es in Nepal viele Bereiche, die für die durchschnittliche Bevölkerung stark mystifiziert und dadurch ihrer erfahrbaren Welt entzogen seien. Er veranschaulicht dieses Argument durch den Vergleich des Schauspielenden mit dem oftmals als Halb-Gott gehandelten Arzt. Da man in beiden Berufen besondere Fähigkeiten und Techniken benötige, erscheinen sie als unerreichbare ExpertInnen. Im Kachahari dagegen werde das Theater dadurch „entmystifiziert", dass es nahe an der Realität der ZuschauerInnen bleibe und sie daran teilhaben können (Sudeep).

Sudeep begreift das Potential des Kachahari darin, dass es einen diskursiven Raum der zivilen Konfliktbearbeitung reetabliert, der in der nepalesischen Gesellschaft mit zunehmender Modernisierung verloren gegangen sei:

> *„Das ganze System, [...] – du kannst nicht, da ist kein Raum in dem du diskutieren kannst, und du kannst deine Meinung zu einem Problem nicht geben, in ... nicht mal in deiner Gemeinschaft. Wir hatten das früher, dieses Kachahari ... in der Vergangenheit ... aber jetzt ist es nicht mehr da."* (Sudeep)

Diese Wahrnehmung, dass es keinen Raum für Diskussionen gibt, weist große Ähnlichkeit mit der von Habermas entwickelten These zur `Kolonialisierung der Lebenswelt´ in der Moderne auf. Habermas argumentiert, dass es durch die Ausdehnung von gesellschaftlichen Subsystemen zu einer Verdrängung von kommunikativen Räumen kommt (siehe S.26-30.). Das in der traditionellen Gesellschaft verankerte lokale Streitschlichtungsverfahren, welches Sudeep noch aus seiner Kindheit kennt, wurde durch die zunehmende Herausbildung des Subsystems der staatlichen Rechtssprechungsorgane verdrängt und wird heute nur noch in wenigen abgeschiedenen Gegenden praktiziert. Durch die Anwendung des Forumtheaters in Nepal soll die selbstorganisierte Konfliktbearbeitung in neuer Form durch die Theatergruppen gewährleistet werden. Dies entspricht der Habermas'schen Vision, in der sich verschiedene gesellschaftliche Akteure für die Etablierung von egalitären kommunikativen Räumen und damit für eine Stärkung der Lebenswelt einsetzen. Während sich das traditionelle Kachahari-Verfahren an der Entscheidungsmacht von lokalen Autoritätspersonen orientierte, soll im theatralischen Kachahari ein Verhandlungsrahmen geschaffen werden, in dem die gleichberechtigte Partizipation insbesondere von Unterdrückten selbst gewährleistet wird.

Im diskursiven Prozess der Theateraufführung kommt es z.T. dazu, dass Kultur und kulturelle Tradition ihren „naturgegebenen" Charakter verliert und von den Menschen selbst als diskutierbarer Rahmen wahrgenommen wird. Dieser von Naila Kabeer (1999, S.441) als Übergang von „doxa" zu „discourse" bezeichnete Prozess entsteht durch die gemeinsame Erfahrung der Verhandelbarkeit einer sozialen Ordnung, die durch die Spiegelung sozialer Realität auf der Bühne erleichtert wird. Durch die Tatsache, dass im Kachahari z.B. das Ertragen von häuslicher Gewalt hinterfragbar wird, entsteht ein Bewusstsein darüber, dass soziale Normen und Handlungsoptionen diskutierbar und letztlich auch wandelbar sind. Auch wenn die Beteiligungsmöglichkeiten am Diskurs nicht für alle gleich sind, so sind die Chancen hierzu im Kachahari durch die Vermittlungsrolle des Jokers größer als in anderen sozialen Räumen. Aus diesem Grunde möchte ich dafür argumentieren, dass es im Kachahari-Theater in Nepal nicht zur Realisierung eines `herrschaftsfreien´, aber zur Etablierung eines *temporär emanzipativen Raumes* kommt. Gemeint ist hiermit ein zeitlich begrenzter Rahmen, in dem *positiver sozialer Wandel* angestoßen werden kann.

Dies wird insbesondere am vierten Fallbeispiel deutlich. Durch das Kachahari entsteht hier ein Raum, in dem das tabuisierte Thema der `Korruption´ kontrovers diskutiert wird und selbst Menschen mit hohem gesellschaftlichen Ansehen beginnen sich öffentlich zu rechtfertigen. In einem begrenzten Zeitraum wird ein von vielen als selbstverständlich angenommenes Funktionssystem hinterfragt und als verhandelbar begriffen. Das führt dazu, dass sich die Menschen ihre persönliche Mitgestaltung und Einflussnahme auf gesellschaftliche Strukturen vor Augen führen und über Wege der Veränderung nachzudenken beginnen, was ich als emanzipatorisches Moment begreife.

Es bleibt zu beachten, dass die Frage, inwieweit die im Theaterrahmen diskutierten emanzipativen Handlungsoptionen tatsächlich und nachhaltig - im Sinne der Boal'schen Idee einer „Probe für die Revolution" - in die Praxis der Zuschauenden übergehen, im Rahmen dieser Studie nicht beantwortet werden kann. Die Theatergruppen selbst sehen ihre Funktion maßgeblich im Anstoßen von emanzipativen Prozessen, die durch die Bearbeitung von Konflikten entstehen und sind sich der möglichen Grenzen im Bezug auf die Nachhaltigkeit dieses Einflusses bewusst. Hierbei möchte ich jedoch auf den Einwand von Ulrike Wasmuht hinweisen, die meisten Konflikte seien asymmetrischer Natur und die von ihnen angestoßene Entwicklung nicht per se positiv:

> „Gäbe es den **herrschaftsfreien** [Hervorh. im Original] Diskurs und Dialog, so böte der Konflikt die Chance für eine Weiterentwicklung und innovative gesellschaftliche Problemlösung unter Vermeidung direkter und struktureller Gewalt und damit die (als positiv zu bewertende) Entwicklung hin zum Abbau bestehender Gewalt." (WASMUHT 1992, S.11)

Da strukturelle Macht- und Herrschaftsverhältnisse die meisten Konfliktfelder durchziehen, bewegt sich auch der Prozess der Konfliktbearbeitung *innerhalb* des Rahmens dieser Verhältnisse und muss deshalb nicht zwangsläufig zu positivem Wandel führen. Wie schon durch die Problematik der Reproduktion von Unterdrückung in der Modellszene beschrieben, muss beachtet werden, dass Veränderungspotentiale stets durch die normative Wirkungsmacht der Präsentation des *Status quo* limitiert werden.

Wasmuht argumentiert hier, dass bei der Bearbeitung der meisten Konfliktfelder nicht unbedingt nur emanzipative Entwicklungsprozesse zu erwarten sind, da in Konflikten selten herrschaftsfreie Räume existieren.

Unter Berücksichtigung dieses Einwandes möchte ich jedoch behaupten, dass an jenen Punkten, an denen das Kachahari-Theater Unterdrückungsverhältnisse zur Diskussion stellt, durchaus von emanzipativen Potentialen gesprochen werden kann. Diese gehen dabei über die von Silberman vorgestellte Beeinflussungstheorie hinaus, da es im Kachahari um einen kognitiven und kommunikativen Prozess geht, bei dem nicht nur die Schauspielenden, sondern auch die Zuschauenden selbst die Impulse geben. Die Erfahrungen jener Zuschauenden des Kachahari-Theaters, welche sich auf der Bühne in die Rollen von Unterdrückten begeben, verändern ihr Bewusstsein nachhaltiger als das passive Beobachten eines klassischen Theaterstücks. Auch die Tatsache, dass die Meinungen von marginalisierten Bevölkerungsgruppen im Kachahari gefragt sind, ist, trotz aller Probleme und Konflikte, die sich daraus ergeben, im Hinblick auf die starken gesellschaftlichen Hierarchien in Nepal ein beachtlicher Schritt.

Vermutlich könnte das Ideal von 'herrschaftsfreier Kommunikation' eher erreicht werden, wenn die Schauspielenden dem sozialen Hintergrund ihres Publikums im Bezug auf Bildungs-, Einkommens- und Kastenunterschiede näher wären und somit das Machtungleichgewicht zwischen beiden Gruppen geringer ausfiele. Die beschriebenen Konfliktlinien zwischen Zuschauenden, die von den Schauspielenden *belehrt* werden wollen, würden dann evtl. nicht zum Tragen kommen. Andererseits lässt sich auch argumentieren, dass Statushierarchien zwischen Schauspielenden und Publikum auch eine positive Herausforderung für die Zuschauenden sein können. Wenn z.B. nicht-alphabetisierte Frauen einen alkoholisierten Brahmanen auf der Bühne erfolgreich in seine Schranken weisen (vgl. Fallbeispiel 1), so können sie damit im geschützten Raum des Theaters ihr Selbstbewusstsein gegenüber Menschen mit höherem sozialen Status trainieren, was einem aktiven Emanzipationsprozess entsprechen würde.

Abschließend soll darauf hingewiesen werden, dass sich die Anwendung des Forum- bzw. Kachahari-Theaters in Nepal noch in den Anfängen befindet und noch viele Entwicklungen und Veränderungen in diesem Feld zu erwarten sind. Insbesondere wird es in den kommenden Jahren durch die gezielten Trainings von Multiplikatoren aus der Gruppe Aarohan vermutlich zunehmend viele Kachahari-Gruppen mit SchauspielerInnen aus weniger privilegierten Hintergründen geben. Durch diese Entwicklung hin zu einer breiten sozialen Kachahari-Bewegung können sich neue Chancen für den gesellschaftlichen Emanzipationsprozess ergeben.

Fest steht, dass diese Art der Theaterarbeit mit einer erheblichen Eigenreflexion der Schauspielenden verbunden ist. Es handelt sich dabei um einen höchst politischen Prozess der individuellen Auseinandersetzung mit der eigenen Position innerhalb der nepalesischen Gesellschaft und der persönlichen Konflikt- und Widerstandskultur. Damit einher geht die Notwendigkeit der klaren Positionierungen in den verschiedensten Spannungsfeldern zwischen Tradition und Moderne, welche aufgrund der Prägung durch entwicklungspolitische und modernisierungstheoretische Diskurse immer wieder an ihre Grenzen stößt. Diese Reflexionsprozesse fließen letztlich in die Ausgestaltung der konkreten Theaterarbeit zurück und werden diese weiter vertiefen. In diesem Zusammenhang können die Kachahari-Diskurse als Versuch der Artikulation einer Gegenöffentlichkeit zu den dominanten Modernisierungs- und Entwicklungsdiskursen verstanden werden, in denen es möglich sein soll, Spannungsverhältnisse zwischen Tradition und Moderne zu diskutieren, ohne sich dem westlich modernen Gesellschafts- und Wertesystem unterzuordnen. Dieser diskursive Raum im Theater ist, trotz aller Widersprüchlichkeiten und Grenzen, die in dieser Studie aufgezeigt wurden, von enormer Relevanz.

„Theater ist eine Auseinandersetzung mit einer komplexen Gesellschaft und Umgebung, mittels konkreter Ausschnitte, die Reduktion der Komplexität ermöglichen; je komplexer die sachliche und besonders die soziale Umgebung wird, um so mehr wird Theater benötigt werden." (RAPP 1993, S.21)

Angesichts der momentanen bürgerkriegsähnlichen Zustände wird es zunehmend schwierig, diese zivilgesellschaftlichen Verhandlungsräume, die sich weder dem parteipolitischen, dem maoistischen noch den westlichen Entwicklungsdogmen verschrieben sehen, zu gewährleisten. Theater ist insbesondere dahingehend ein unverzichtbarer Raum, weil es in der Sprache des Theater möglich ist, gesellschaftliche Probleme auf das Wesentliche zu reduzieren und für breite Schichten der Bevölkerung einen Zugang zu ermöglichen. Aus diesem Grunde sollten die diskursiven Räume des Kachahari-Theaters insbesondere im Bezug auf ihre längerfristigen gesellschaftlichen Auswirkungen in Zukunft weitergehend untersucht werden.

7. Literaturverzeichnis

ACHARYA, MADHU RAMAN (2002): NEPAL Cultural Shift! Reinventing Culture in the Himalayan Kingdom, Delhi : Adroit Publisher.

ARCE, ALBERTO AND LONG, NORMAN (2000): Anthropology, Development and Modernities: Exploring discourses, counter-tendencies and violence, London: Routledge.

BALME, CHRISTOPHER (2001): Einführung in die Theaterwissenschaft, Berlin: Erich Schmidt Verlag.

BAUMANN, TILL (2001): Von der Politisierung des Theaters zur Theatralisierung der Politik, Theater der Unterdrückten in Rio de Janeiro der 90er Jahre, Stuttgart: ibidem.

BIRCHER, URS (1979): Theaterform und Gesellschaftsform (Dissertation), Freie Universität Berlin.

BISTA, DOR BAHADUR (1991): Fatalism and Development: Nepal's Struggle for Modernization, Patna: Orient Longman Ltd.

BLUMER, HERBERT (1986): Symbolic Interaction - Perspective and Method, Berkeley and Los Angeles: University of California Press.

BOAL, AUGUSTO (1989): Theater der Unterdrückten. Übungen und Spiele für Schauspieler und Nicht-Schauspieler, Frankfurt/Main: Suhrkamp.

BOAL, AUGUSTO (1992): Games for Actors and Non-Actors, London/New York: Routledge.

BOAL, AUGUSTO (1998). Legislative Theatre. Using performance to make politics. London/New York: Routledge Press.

BOAL, AUGUSTO (1999): Der Regenbogen der Wünsche. Methoden aus Theater und Therapie, Seelze (Velber): Kallmeyer.

BONACKER, THORSTEN (1996): Konflikttheorien. Eine sozialwissenschaftliche Einführung, Opladen: Leske+Budrich.

BULBECK, CHILLA (1998): Re-Orienting Feminism, United Kingdom: Cambridge University Press.

CENTRAL BUREAU OF STATISTICS (2002): Population Census 2001: National Report. Kathmandu: Central Bureau of Statistics.

CHAKRAVARTI, UMA (2003): Gendering Caste – Trough a Feminist Lens, Calcutta: Stree.

COSER, LEWIS A. (1972): Theorie sozialer Konflikte, Neuwied: Luchterhand.

DAHAL, DEV RAJ (2001): Civic Education. A Footnote to Democratic Governance in Nepal, Kathmandu: Friedrich Ebert-Stiftung.

DAHRENDORF, RALF (1961): Die Funktion sozialer Konflikte, In: Gesellschaft und Freiheit, München: Piper, S.112-131.

DES CHENE, MARY KATHERINE (1993): Soldiers, Sovereignty and Silence: Gorkhas as Diplomatic Currency, In: South Asien Bulletin, Vol.13, Nr. 1/2.

DIXIT, KANAK MANI (2003): State of Nepal, Lalitpur: Koirala India-Nepal Foundation.

DUMONT, LOUIS (1970): Homo Hierarchicus: an essay on the caste system, Chicago: University of Chicago Press.

FANON, FRANTZ (1963) : The Wreched of the Earth, New York : Grove Press.

FRANKENBERG, RUTH (1995): Weiße Frauen, Feminismus und die Herausforderung des Antirassismus, In: Fuchs, Birgit/Habinger, Gabriele (Hg.): Rassismen und Feminismen – Differenzen, Machtverhältnisse und Solidarität zwischen Frauen. Promedia, Wien, S.51-66.

FREIRE, PAULO (1973): Pädagogik der Unterdrückten, Reinbeck: Rowohlt Taschenbuch Verlag.

FUCHS-HEINRITZ, WERNER (Hg.) (1995): Lexikon zur Soziologie, 3.völlig überarbeitete Auflage, Opladen: Westdeutscher Verlag.

FUJIKURA, TATSURO (2001): Discourses of Awareness, notes for a criticism of development in Nepal, In: Studies in Nepali History and Society 6 (2): S.271-313, Mandala Book Point.

GEERTZ, CLIFFORD JAMES (1994): Dichte Beschreibung. Beiträge zum Verstehen kultureller Systeme, Frankfurt/Main: Suhrkamp.

GIPSER, DIETLINDE: Lachen gegen Macht? Gedanken zur Funktion des Lachens im szenischen Spiel, In: Wiegand (2004), S.19-22.

GOFFMAN, ERVING (2004 [1959]): Wir alle spielen Theater, München: Piper Verlag.

GRANER, ELVIRA (1998): Contributions to Nepalese Studies. In: Journal of Centre for Nepal and Asian Studies (CNAS), Vol. 25, No 2, July 1998, Tribhuvan University, Kirtipur, Nepal.

GURVITCH, GEORG (1993): Sociologie du théâtre, in: Rapp, Uri (1993), S.149-160.

HABERMAS, JÜRGEN (1994): Die Moderne – ein unvollendetes Projekt, Philosophisch-politische Aufsätze, Leipzig: Reclam.

HABERMAS, JÜRGEN (1991): Strukturwandel der Öffentlichkeit: Untersuchungen zu einer Kategorie der bürgerlichen Gesellschaft; mit einem Vorwort zur Neuauflage 1990. Frankfurt/Main: Suhrkamp.

HABERMAS, JÜRGEN (1981): Theorie des Kommunikativen Handelns, Band I: Handlungsrationalität und gesellschaftliche Rationalisierung, Frankfurt/Main: Suhrkamp.

HABERMAS, JÜRGEN (1968): Technik und Wissenschaft als `Ideologie´, Frankfurt/Main: Suhrkamp.

HAHN, HARALD (2001): Freie Radios als Ort der aktiven Jugend-Medien-Arbeit, Stuttgart: ibidem.

HELLE, JÜRGEN HORST (2001): Theorie der symbolischen Interaktion. Ein Beitrag zum verstehenden Ansatz in Soziologie und Sozial-psychologie, 3.Auflage, Wiesbaden: Westdeutscher Verlag.

KABEER, NAILA (1999): Resources, Agency, Achievements: Reflections on the Measurement of Women's Empowerment. In: Development and Change. Vol. 30, S.435-464.

KOCH, GERD (Hg.) (2003): Wörterbuch der Theaterpädagogik, Berlin: Schibri-Verlag.

KRÄMER, KARL-HEINZ (1997): Die Strategie der nepalischen Maoisten und die staatliche Unfähigkeit zum Dialog, in: Südasien 17, 3:S.51-53.

KREISKY, EVA / SAUER, BIRGIT (Hrsg.) (1995): Feministische Standpunkte in der Politikwissenschaft, Frankfurt am Main, New York: Campus Verlag.

LEMERT, CHARLES/BRANAMAN, ANN (1997): The Goffman Reader, Malden (Massachusetts, USA): Blackwell Publishers.

LIECHTY, MARK (2003): Suitably Modern – Making middle-class culture in a new consumer society, Princeton: Princeton University Press.

MEAD, GEORGE H. (1968 [1934]): Geist, Identität und Gesellschaft aus der Sicht des Sozialbehaviorismus, Franfurt am Main: Suhrkamp.

MOHANTY, CHANDRA T. (1997): Under Western Eyes: Feminist Scholarship and Colonial Discourses. In: Vishvantathan, Nalini (Hg): The Women and Development Reader.

NEPAL HUMAN DEVELOPMENT REPORT (NHDR) 2002, United Nation Development Programme.

O'SULLIVAN, CARMEL (2001): Searching the Marxist in Boal, In: Research Drama Education, Vol.6, No.1, Dublin: Taylor & Francis Ltd.

ØSTREM ALSVIK, KRISTINE (2003): Meanings of locality and notions of development in a Nepali village, University of Oslo, Department of Social Anthropology: Dissertations & Thesis No.01/2003.

PAUL, ARNO (1981): Theaterwissenschaft als Lehre vom theatralischen Handeln, In: Helmar Klier (Hrsg.): Theaterwissenschaft im deutschsprachigem Raum, Darmstadt: Wissenschaftliche Buchgesellschaft, S.208-237.

PARISH, STEVEN M. (1997): Hierarchy and its Discontents – Culture and the Politics of Consciousness in Caste Society, Delhi: Oxford University Press.

PIGG, STANCY LEIGH (1992): Inventing Social Categories through Place: Social Representation and Development in Nepal, In: Comparative Studies in Society and History, Vol. 34, No.3 (July1992), S.491-513, Cambridge University Press.

PIGG, STANCY LEIGH (1996): The Credible and the Credulous: The Question of "Villagers' Beliefs" in Nepal, In: Journal of the Society for Cultural Anthropology Vol.11, No. 2 (Mai 1996), S.160-201, American Anthropological Association.

PRADHAN, RAJENDRA (2002): Ethnicity, caste and a pluralist society, In: Dixit, Kanak Mani (2002): State of Nepal, Lalitpur: Koirala India-Nepal Foundation, S.1-21.

RAPP, URI (1993): Rolle Interaktion Spiel. Eine Einführung in die Theatersoziologie, Wien: Böhlau.

SAID, EDWARD W. (1993): Culture and Imperialism, New York: Alfred A. Knoff.

SCHÄFERS, BERNHARD (Hg.) (2003): Grundbegriffe der Soziologie, 8.Auflage, Opladen: Leske+Budrich.

SHRESTHA, NANDA R. (1999): In the Name of Development – A Reflection on Nepal, Kathmandu: Educational Enterprise.

SILBERMANN, ALPHONS (1973): Soziologie des Theaters, Textauszug in: Rapp, Uri (1993), S.161-178.

SIMMEL, GEORG (1908): Soziologie, Leipzig: Duncker & Humblot.

SPITTLER, GERD (2001): Teilnehmende Beobachtung als Dichte Teilnahme, In: Zeitschrift für Ethnologie 126, S.2-24.

SPRADLEY, JAMES P. (1980): Participant Observation, New York: Holt.

STAMM, KARL HEINZ (1988): Alternative Öffentlichkeit. Die Erfahrungsproduktion neuer sozialer Bewegungen. Frankfurt am Main/New York: Campus-Verlag.

SUBEDI, PRATIVA (1997): Nepali Women Rising, Kathmandu: Second edition, Sahayogi Press.

TAMANG, SEIRA (2000): Legalizing State Patriarchy in Nepal, In: Studies in Nepali History and Society 5 (1), Juni 2000, S.127-156.

THAPA, DEEPAK (2003): The Maobadi of Nepal, in: Dixit (Hg.): State of Nepal, Lalitpur: Koirala India-Nepal Foundation, S.77-99.

VON DER HEIDE, SUSANNE (2002): Das Massaker der Königsfamilie in Nepal. Zu den Verstrickungen des Täters in widersprüchlichen Wertesystemen, In: Hauser-Schäublin/Braunkämper (Hg.) (2002): Ethnologie der Globalisierung, Berlin: Reimer.

WASMUHT, ULRIKE C. (1992): Friedensforschung als Konfliktforschung. Zur Notwenigkeit einer Rückbesinnung auf den Konflikt als zentrale Kategorie. Frankfurt/Main: AFB-Texte.

WEBER, MAX (1972 [1921/22]): Soziologische Grundbegriffe: § 16. Macht, Herrschaft, in: (ders.), Wirtschaft und Gesellschaft, 5. Auflage, Tübingen.

WIEGAND, HELMUT (1999): Die Entwicklung des Theaters der Unterdrückten seit Beginn der achtziger Jahre, Stuttgart: ibidem.

WIEGAND, HELMUT (Hg.) (2004): Theater im Dialog: heiter, aufmüpfig und demokratisch. Deutsche und europäische Anwendungen des Theaters der Unterdrückten, Stuttgart: ibidem.

QUIGLEY, DECLAN (1993): The interpretation of caste, Oxford: Claredon Press.

NGO-Berichte:

Ahmad, Khalil (1999): A Time Bomb under the city – Drug Abuse in Dharan, Dharan: MS Nepal Report.

MS Nepal (2003): The Power of Theatre. Uses of theatre for conflict transformation, empowerment and social change. Report from a workshop of Asian People's Theatre Groups, Kathmandu: MS Nepal.

Limbu, Khusiyali (2002): Final Evaluation Report of Harm Reduction Programme, Daran: KYC Puner Jiwan Kendra.

Internetquellen:

http://www.aarohantheatre.org
http://www.msnepal.org
www.CIVICT_New_Layout.pmd
http://www.undp.org.np/
http://www.amnestynepal.org/
http://www.undp.org.np/publications/nhdr2004/

ibidem-Verlag

Melchiorstr. 15

D-70439 Stuttgart

info@ibidem-verlag.de

www.ibidem-verlag.de
www.edition-noema.de
www.autorenbetreuung.de